Herausgeber

Heinz Handels
Institute of Medical Informatics
University of Lübeck
handels@imi.uni-luebeck.de

Reihe: Medizinische Ingenieurwissenschaft und Biomedizintechnik

Diese Reihe umfasst Werke der Medizinischen Ingenieurwissenschaft und Biomedizintechnik, deren Themen strategisch unter den Zukunftstechnologien mit hohem Innovationspotenzial anzusiedeln sind. Als wesentliche Trends dieser Forschungsgebiete, sind die Schlüsselbereiche Computerisierung, Miniaturisierung und Molekularisierung zu nennen. Bei der Computerisierung sind dabei die inhaltlichen Schwerpunkte beispielsweise in der Bildgebung und Bildverarbeitung gegeben. Die Miniaturisierung spielt unter anderem bei intelligenten Implantaten, der minimalinvasiven Chirurgie aber auch bei der Entwicklung von neuen nanostrukturierten Materialien eine wichtige Rolle, und die Molekularisierung ist in der regenerativen Medizin aber auch im Rahmen der sogenannten molekularen Bildgebung ein entscheidender Aspekt. Forschungs- und Entwicklungspotenzial werden auch der Biophotonik und der minimal-invasiven Chirurgie unter Berücksichtigung der Robotik und Navigation zugeschrieben. Querschnittstechnologien wie die Mikrosystemtechnik, optische Technologien, Softwaresysteme und Wissenstechnologien sind dabei von hohem Interesse.

Timo Kepp

Atlasbasierte 4D-Segmentierung des Herzens durch Multichannel-3D-Registrierung

Medizinische Ingenieurwissenschaft und Biomedizintechnik — Band 16

Herausgeber: Heinz Handels

Infinite Science Publishing

Kurzfassung

Durch die Weiterentwicklung medizinischer Bildgebungsverfahren, wie der Magnetresonanztomographie, ist die Akquirierung von 4D-Bildsequenzen möglich. In der Medizin werden kardiologische Bildsequenzen beispielsweise für die Funktionsdiagnostik des Herzens verwendet, welche die Segmentierung kardiologischer Strukturen erfordert.
Die vorliegende Arbeit beschäftigt sich mit der Durchführung einer atlasbasierten Segmentierung des Herzens in cine-MR-Bildsequenzen. Für die atlasbasierte Segmentierung ist die Registrierung der 4D-Bildsequenzen notwendig. Im Rahmen dieser Arbeit wird eine räumlich-zeitliche 4D-Registrierung durch eine Multichannel-3D-Registrierung unter der Verwendung von Trajektorienbeschränkungen implementiert. Die Trajektorienbeschränkungen garantieren, dass dieselben Bildpunkte über die Zeit abgebildet werden und ermöglichen die gleichzeitige Registrierung aller korrespondierenden Zeitpunkte der Bildsequenzen.
Die Multichannel-3D-Registrierung wurde mit einem direkten 3D-Registrierungsansatz verglichen und anhand von synthetischen als auch von kardiologischen cine-MR-Sequenzen des Herzens evaluiert. Hierbei lieferte die direkte 3D-Registrierung leicht bessere Ergebnisse der Registrierungsgenauigkeit als die Multichannel-3D-Registrierung. Im Gegensatz dazu konnte eine erhöhte Konsistenz und Robustheit durch die Verwendung von Trajektorienbeschränkungen festgestellt werden. Im Bezug auf die 4D-Atlassegmentierung lieferte die Multichannel-3D-Registrierung gute Ergebnisse.

Abstract

Due to the improvements of medical imaging technologies, such as magnetic resonance imaging, acquisitions of 4D image sequences are feasible. Cine MRI sequences are used in cardiology for analysis of cardiac function based on segmentations of cardiac structures. Main focus of this work is an atlas-based segmentation of the heart in cine MRI image sequences which requires registration of those 4D image sequences. In this work, a multichannel 3D registration with trajectory constraints is employed. The use of trajectory constraints guarantees that the same physical points are mapped over time.
The multichannel 3D registration was compared with a direct 3D registration approach and was evaluated on synthetic and cardiac cine MRI sequences of the heart. The experiments showed that direct 3D registration provides slightly better results in terms of registration accuracy than the multichannel approach. In contrast, an increased consistency and robustness is observed for the multichannel 3D registration. Regarding to the 4D atlas segmentation, multichannel 3D registration provides good results.

Inhaltsverzeichnis

Abbildungsverzeichnis

Tabellenverzeichnis

Kapitel 1

Einleitung

Kardiovaskuläre Erkrankungen gehören mit zu den häufigsten Todesursachen in der westlichen Welt [GMR+14]. Aufgrund dieser Tatsache ist es notwendig, diese Erkrankungen so früh wie möglich zu entdecken, um rechtzeitig geeignete Therapiemaßnahmen einleiten zu können. Neben konventionellen kardiologischen Untersuchungsmethoden bietet die cine-MR-Bildgebung, die eine Akquirierung von zeitlich aufgelösten Bildsequenzen ermöglicht, ein sehr genaues Verfahren für die Bestimmung wichtiger kardiologischer Funktionsparameter, wie bspw. der Ejektionsfraktion oder des Schlagvolumens [BDF+00]. Des Weiteren können neben der Struktur und Morphologie auch die Bewegungscharakteristiken von Organen studiert werden, so dass bspw. die Kontraktionsfähigkeit des Herzens nach einem Infarkt überprüft werden kann. Besonders beim Herzen, welches Form und Füllvolumen durch ständige Kontraktion und Entspannung ändert, kann nur durch die Aufnahme aller Herzzyklusphasen eine adäquate Darstellung gewährleistet werden.

Die Bestimmung der oben erwähnten Funktionsparameter beruht auf Segmentierungen kardiologischer Strukturen (siehe Abbildung 1.1). Da die Zeitdimension nicht als zusätzliche räumliche Dimension angesehen werden darf, ist die Erweiterung von (bestehenden) 3D-Bildverarbeitungswerkzeugen nicht trivial. Wichtig ist daher die Entwicklung spezifischer Algorithmen und Frameworks für räumlich-zeitliche Bildsequenzen.

Die Atlassegmentierung ist ein automatisches Verfahren, welches die Einbringung von *a priori* Wissen in den Segmentierungsprozess ermöglicht. Die wesentliche Grundlage der atlasbasierten Segmentierung stellt die nicht-lineare, nicht-parametrische Registrierung dar. Diese ist daher ein fundamentaler Teil dieser Arbeit.

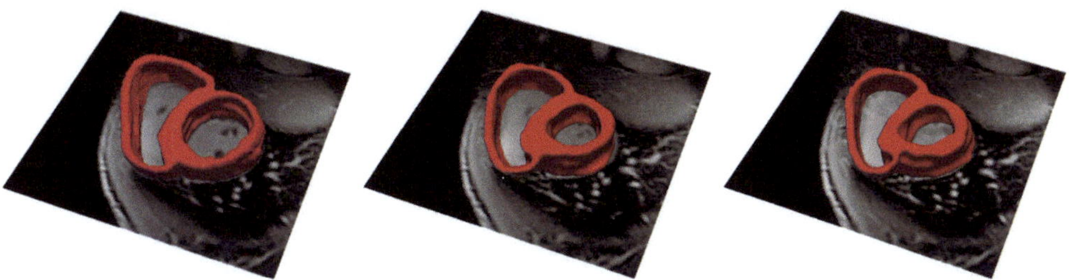

Abbildung 1.1: Darstellung segmentierter Ventrikel des Herzens zu verschiedenen Zeitpunkten. Diastole (links), Mitt-Diastole (Mitte), Systole (rechts).

In der vorliegenden Arbeit wird das von Peyrat *et al.* vorgestellte 4D-Registrierungsframework [PDS+08, Pey09, PDS+10] verwendet, um eine 4D-Atlassegmentierung des Herzens (linker und rechter Ventrikel) in kardiologischen 4D-Bildsequenzen durchzuführen. Hierbei wird die räumlich-zeitliche 4D-Registrierung in eine zeitliche Registrierung und eine räumliche Registrierung aufgetrennt. Durch die zeitliche Registrierung wird eine Anpassung der Bildsequenzen anhand globaler physiologischer Parameter ermöglicht, wohingegen durch die räumliche Registrierung Bildpunkte über die Zeit konsistent abgebildet werden.

In einem ersten Schritt werden die Bewegungstransformationen der Bildsequenzen bestimmt, welche die Trajektorien der Bildpunkte repräsentieren, die aufeinander abgebildet werden sollen. Anschließend wird eine simultane 3D-Registrierung aller korrespondierender Zeitpunkte der Bildsequenzen durchgeführt. Dabei wird die Registrierung durch Bedingungen eingeschränkt, sodass dieselben Bildpunkte über die Zeit abgebildet werden. Diese Bedingungen werden als *Trajektorienbeschränkungen* bezeichnet. So lässt sich die räumlich-zeitliche 4D-Registrierung durch eine einzelne *Multichannel-3D-Registrierung* beschreiben [PDS+10].

Anders als bei Peyrat *et al.*, die die Evaluierung auf kardiologischen 4D-CT-Sequenzen durchgeführt haben, werden kardiologische cine-MR-Sequenzen für die vorliegende Arbeit verwendet. Die Evaluierung der Multichannel-3D-Registrierung wird anhand von synthetischen und patientenbezogenen Bildsequenzen durchgeführt, um Genauigkeit und Güte des Verfahrens feststellen zu können.

1.1 Gliederung der Arbeit

Nach der Beschreibung des kardiovaskulären Systems (Kapitel 2) werden spezielle Aufnahmetechniken vorgestellt, die in der kardiovaskulären Magnetresonanztomographie (Kapitel 3) ihre Anwendung finden. Darauf folgend werden in Kapitel 4 die Grundlagen der variationellen Registrierung präsentiert. Im hieran anschließenden Kapitel 5 wird das Registrieren von räumlich-zeitlichen Bildsequenzen beschrieben. Es erfolgt zunächst die Schilderung des aktuellen Forschungsstandes. Im Anschluss daran wird der Multichannel-3D-Registrierungsansatz von Peyrat *et al.* dargelegt. Kapitel 6 befasst sich mit der Atlassegmentierung. Hier wird neben der Single-Atlassegmentierung auch die Multi-Atlassegmentierung näher beschrieben. Hierauf folgend werden die durchgeführten Experimente und deren Ergebnisse vorgestellt und auf deren Grundlage die in Kapitel 4 und 5 beschriebenen Ansätze miteinander verglichen. Zum Schluss werden alle Ergebnisse in Kapitel 8 zusammengefasst und diskutiert.

Kapitel 2

Das kardiovaskuläre System

In diesem Kapitel werden die Grundlagen des kardiovaskulären Systems vorgestellt, eingeschränkt auf die Betrachtung des Herz-Kreislauf-Systems. Dabei wird besonders die Aufgabe und Funktion des Herzens betrachtet. Für eine detailliertere Betrachtung des kardiovaskulären Systems siehe [SL11, Iai09].

2.1 Das Herz-Kreislauf-System

Durch das hochkomplexe Herz-Kreislauf-System (HKS) wird die Nährstoffversorgung des Körpers sichergestellt. Es besteht aus dem Herzen als zentrales Pumporgan, dem Gefäßsystem als Transportstrecke und dem Blut als Transportmittel. Neben dem Transport von Sauerstoff zu den einzelnen Organen stellt das HKS die Versorgung mit wichtigen Nährstoffen und Hormonen sicher. Die Abfallprodukte der Organe, wie Salze, stickstoffhaltige Abfälle oder überschüssiges Wasser, werden schließlich zu den Nieren befördert und aus dem Kreislauf gefiltert. Das HKS teilt sich in ein Niederdruck-

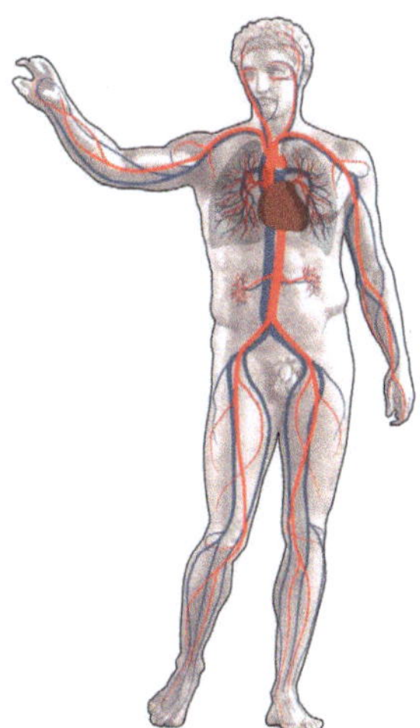

Abbildung 2.1: Darstellung des Herz-Kreislauf-Systems des Menschen (Quelle: https://de.wikipedia. org/wiki/Blutkreislauf).

system, den kleinen bzw. pulmonalen Blutkreislauf, und ein Hochdrucksystem, den Körperkreislauf bzw. systemischen Kreislauf, auf. Der pulmonale Kreislauf beginnt im rechten Ventrikel. Von dort aus wird das sauerstoffarme Blut zu den Lungen gepumpt, wo es wiederum mit Sauerstoff angereichert wird und schließlich über das linke Atrium zum linken Ventrikel gelangt. An dieser Stelle beginnt der systemische Kreislauf. Ausgehend vom linken Ventrikel wird das sauerstoffreiche Blut über die Aorta in die Körperperipherie gepumpt. Dabei durchläuft es ein sehr verzweigtes und immer feiner werdendes Gefäßsystem, bestehend aus Arterien und Arteriolen, bis es schließlich in die sehr feinen Kapillargefäße gelangt, wo der Stoffaustausch mit dem umliegenden Gewebe stattfindet. Auf dem Rückweg zum Herzen vereinfacht sich das Gefäßsystem über Venolen und Venen bis schließlich das rechte Atrium erreicht wird.

2.2 Anatomie des Herzens

Das Herz wird oft als der Motor des Körpers bezeichnet, da es das Antriebsorgan des Blutkreislaufes ist. Es hat zwei primäre Funktionen:

1. Sauerstoffarmes Blut aus dem systemischen Kreislauf sammeln und zur Lunge pumpen.

2. Sauerstoffreiches Blut aus dem pulmonalen Kreislauf sammeln und in den systemischen Kreislauf pumpen.

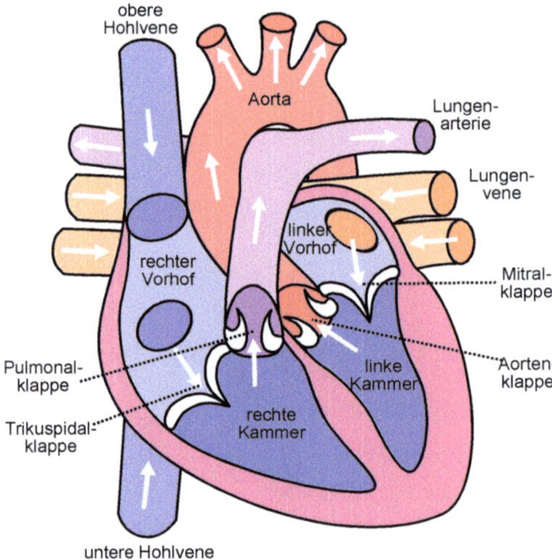

Abbildung 2.2: Schematische Darstellung der Anatomie des Herzens (Quelle: http://de.wikipedia.org/wiki/Herz).

Räumlich gesehen liegt das Herz geschützt im Thorax, posterior zum Sternum und Rippenknorpel und liegt kranial auf dem Zwerchfell. Es nimmt dabei das mittlere Mediastinum in Anspruch. Es ist ein 4-Kammer-Hohlmuskel, der aus einer linken und rechten Herzhälfte besteht, die durch eine Scheidewand (Septum) getrennt werden.

Diese sind jeweils in einen Vorhof (Atrium) und eine Herzkammer (Ventrikel) unterteilt. Darüber hinaus besitzt das Herz vier Klappen, die als eine Art Ventil agieren. Von außen nach innen betrachtet besteht das Herz aus mehreren Schichten. Das Perikard (Herzbeutel) bildet die äußere Schicht, in dessen Inneren sich das Herz befindet. Die nächste Gewebeschicht ist das Epikard, bestehend aus Bindegewebe und Fettpolster. Anschließend folgt das Myokard, das durch seine Kontraktionsfähigkeit auch als Arbeitsmyokard bezeichnet wird. Die letzte Schicht ist das Endokard, das die Atrien und Ventrikel von innen auskleidet. Auch die vier Herzklappen gehören zu dieser Schicht. Das Endokard bildet zudem die letzte Grenzfläche zum Blut.

Im Folgenden werden die einzelnen Bestandteile des Herzens detaillierter erläutert.

Rechtes Atrium: In das rechte Atrium (RA) münden die obere und untere Hohlvene, die sauerstoffarmes Blut aus dem systemischen Kreislauf zum Herzen transportieren. Es übernimmt eine Sammelfunktion für das Blut, bis dieses bei Kontraktion des Herzens über den rechten Ventrikel in den pulmonalen Kreislauf gepumpt wird. Über die Trikuspidalklappe grenzt sich das RA zum rechten Ventrikel ab. Des Weiteren befindet sich der Sinus-Knoten in der oberen Wand des RA.

Rechter Ventrikel: Der rechte Ventrikel (RV) befindet sich unterhalb des RA und ist durch das Septum vom linken Ventrikel getrennt. Er sorgt dafür, dass das Blut durch die Pulmonalklappe in den pulmonalen Kreislauf gepumpt wird.

Linkes Atrium: Vom pulmonalen Kreislauf kommend mündet die Lungenvene in das linke Atrium, das dieselbe Funktion wie das RA besitzt. Es sammelt das sauerstoffreiche Blut aus dem pulmonalen Kreislauf, bis sich die Bikuspidalklappe öffnet, welche LA und Ventrikel voneinander trennt.

Linker Ventrikel: Im Vergleich zum RV verfügt der linke Ventrikel (LV) über dickeres Myokardgewebe. Es pumpt das vom LA kommende Blut über die Aortenklappe in den systemischen Kreislauf.

Trikuspidalklappe: Die Trikuspidalklappe trennt RA vom RV und verhindert den Rückfluss des Blutes ins RA. Sie besteht aus drei Segeln, die durch Sehnenfäden mit drei Papillarmuskeln des RV verbunden sind, was ein Umklappen während der Systole verhindert.

Pulmonalklappe: Ist eine von zwei Taschenklappen und liegt im Lungenstamm (Truncus pulmonalis). Sie besteht aus drei halbmondförmigen Klappenelementen und verhindert den Rückfluss des Blutes in den RV bei Beginn der Diastole.

Bikuspidalklappe: Die Bikuspidal- oder Mitralklappe trennt LA vom LV und hat im Gegensatz zur Trikuspidalklappe nur zwei Segel als Klappenelemente. Auch hier wird ein Umklappen der Segel während der Systole durch die Befestigung über Sehnenfäden mit zwei Papillarmuskeln verhindert. Ebenso wird durch sie ein Rückfluss des Blutes aus dem LV verhindert.

Aortenklappe: Die Aortenklappe ist die zweite Taschenklappe und besteht ebenfalls aus drei halbmondförmigen Klappenelementen. Sie liegt direkt im Ursprung der

Aorta am LV und verhindert den Rückfluss des Blutes in den LV bis zum Beginn der Diastole.

2.3 Physiologie des Herzens

Die Funktionsweise des (menschlichen) Herzens ist sehr komplex. Die Kontraktion der Atrien und der Ventrikel wird über ein Reizleitungssystem koordiniert, wodurch der Herzzyklus mit Diastole und Systole definiert wird. Über ein Elektrokardiogramm (EKG) können Aussagen über den Herzzyklus gemacht werden. Darüber hinaus kann das EKG als Trigger-Mechanismus zur Auslösung der Bildaufnahme für die kardiovaskuläre CT- oder MRT-Bildgebung genutzt werden (siehe Kapitel 3). Im Weiteren wird die Physiologie des Herzens anhand des Herzzyklus und der Erregungsausbreitung kurz beschrieben.

2.3.1 Der Herzzyklus

Die Blutzirkulation im HKS wird durch die kontinuierliche rhythmische Kontraktion des Herzens sichergestellt. Diese Pumpfunktion wird durch einen sich immer wiederholenden Herzzyklus erreicht. Der Herzzyklus besteht aus zwei Hauptphasen mit jeweils zwei Unterphasen. Die Anspannungs- und Austreibungsphase werden zu der Systole zusammengefasst, wohingegen die Entspannungs- und Füllphase der Diastole zugeordnet werden. Im weiteren Verlauf werden alle vier Phasen detaillierter beschrieben.

Kontraktionsphase: Sobald die Ventrikel gefüllt sind, beginnt die Ventrikelkontraktion und damit auch die Systole. Dabei steigt der Druck im Ventrikel. Da zu diesem Zeitpunkt die Taschenklappen noch geschlossen sind, wird der erste Teil der Kontraktionsphase als die *isovolumetrische Kontraktionsphase* bezeichnet. Durch die Ventrikelanspannung übersteigt der Druck in den Ventrikeln den der ausführenden Gefäße, so dass sich die Taschenklappen öffnen und die Austreibungsphase beginnt.

Austreibungsphase: Nach dem Öffnen der Taschenklappen strömt das Blut in die ausführenden Gefäße. Der aktuelle Druck beträgt $\sim$120 mmHg und wird als *systolischer Blutdruck* bezeichnet. Während der Austreibungsphase fällt der Druck in den Ventrikeln, da das Blutvolumen abnimmt und die Relaxation der Ventrikel bereits beginnt. Sobald der Druck in den ausführenden Gefäßen höher als in den Ventrikeln ist, schließen sich wieder die Taschenklappen. Der nun zu messende Druck beträgt $\sim$80 mmHg und wird als *diastolischer Blutdruck* bezeichnet. Mit dem Schließen der Taschenklappen ist die Systole beendet und die Diastole beginnt.

Entspannungsphase: Während der Entspannungsphase findet die Relaxation der Herzmuskelzellen statt, wobei alle Herzklappen wegen der herrschenden Druckverhältnisse geschlossen sind (isovolumetrische Relaxationsphase). Sobald der Druck in den Ventrikeln kleiner als im davor liegenden Atrium ist, öffnen sich die Segelklappen und die Füllungsphase beginnt.

Füllungsphase: Mit dem Öffnen der Segelklappen strömt das bis zu dem Zeitpunkt gesammelte Blut aus den Atrien in die Ventrikel. Dabei wird der Hauptteil der Ventrikelfüllung durch den Ventrikelebenenmechanismus vollzogen, einer Sogwirkung, die durch eine hintereinander ablaufende Verlagerungen der Klappenebene in basaler und apikaler Richtung hervorgerufen wird. Des Weiteren wird die Ventrikelfüllung durch dessen Relaxation begünstigt. Ebenfalls trägt die Kontraktion der Atrien (atriale Systole = ventrikuläre Diastole) zur Füllung der Ventrikel bei.

2.3.2 Erregungsausbreitung im Herzen

Das Herz wird über das vegetative Nervensystem gesteuert und schlägt autonom. Es besitzt ein sehr komplexes Reizleitungssystem, durch das die Reizweiterleitung und Erregung der Herzmuskelzellen koordiniert wird. In Abbildung 2.3 ist das Reizleitungssystem des menschlichen Herzens dargestellt. Die Reizweiterleitung wird mithilfe eines Aktionspotentials ermöglicht, welches das Membranpotential der Zelle kurzzeitig ändert. Durch den speziellen Aufbau der Ionenkanäle des Reizleitungssystems folgt aus dem Aktionspotential die Depolarisation. Den Ursprung findet das Aktionspotential im

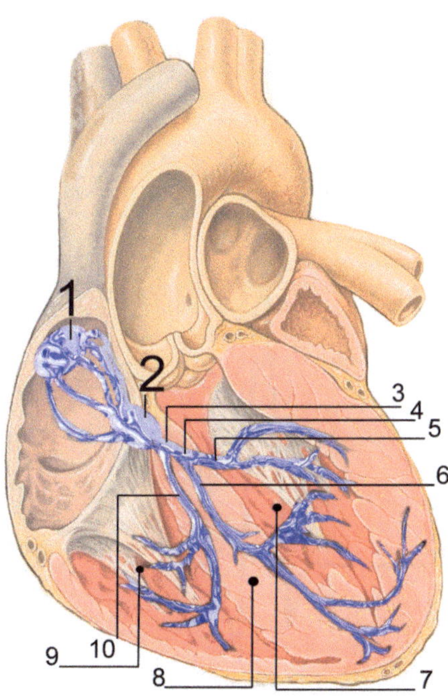

Abbildung 2.3: Erregungsbildungs- und Reizleitungssystem des menschlichen Herzens. 1: Sinusknoten, 2: AV-Knoten, 3: His-Bündel, 4: Linker Tawara-Schenkel, 5: Linksposteriorer Faszikel, 6: Linksanteriorer Faszikel, 7: Linker Ventrikel, 8: Ventrikelseptum, 9: Rechter Ventrikel, 10: Rechter Tawara-Schenkel (Quelle: https://en.wikipedia.org/wiki/Electrical_conduction_system_of_the_heart).

Sinus-Knoten, der sich an der oberen Wand des rechten Atriums befindet. Er besteht aus spezialisierten Zellen, den P-Zellen (Pacemaker-Zellen). Mit der spontanen Depolarisation dieser Zellen und der Weiterleitung über T-Zellen (Transition) wird ein koordinierter elektrischer Puls erzeugt, der die Depolarisation der Herzmuskelzellen bewirkt. Nach der Erregung der Atrien wird der AV-Knoten erregt. Dieser leitet mit einer leichten Verzögerung die Erregung in das His-Bündel weiter, wo sich sich von dort in die Tawara-Schenkel aufteilt. Schließlich erreicht die Erregung über die Purkinje-Fasern das Arbeitsmyokard.

Das Elektrokardiogramm

Die Elektrokardiographie gehört zu den Standardverfahren in der kardiologischen Diagnostik, durch die verschiedene Parameter, wie die Herzfrequenz und -rhythmus, bestimmt werden können. Aber auch Aussagen über Aktivität der Atrien und Ventrikel können aus einem EKG abgeleitet werden. Beim konventionellen EKG werden dem Patienten Saugelektroden an bestimmten Stellen des Körpers, drei Elektroden an den Extremitäten und sechs an der Brustwand, befestigt. Über die Ableitungstechniken nach Einthoven, Goldberger und Wilson können insgesamt 12 verschiedene Ableitungen gemessen werden. Dabei werden die Spannungsänderungen, die durch das Reizleitungssystem des Herzens hervorgerufen werden, aufgezeichnet. Die Aufsummierung der einzelnen Ableitungen ergibt schließlich das EKG-Signal. Das EKG ist in Abschnitte unterteilt, die

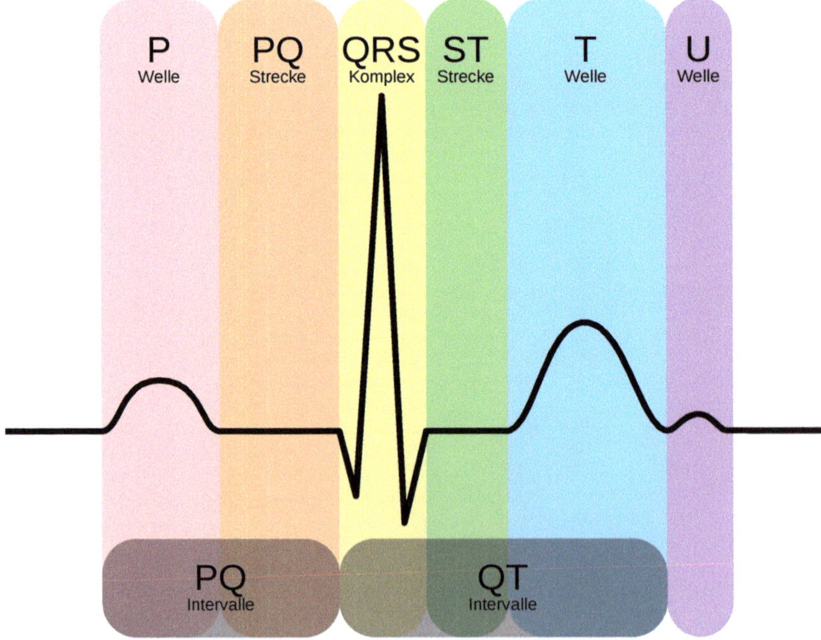

Abbildung 2.4: Schematische Darstellung des EKG (Quelle: https://de.wikipedia.org/wiki/Elektrokardiogramm).

die verschiedenen Stadien der Erregungsausbreitung darstellen.

P-Welle: Erregung in den Vorhöfen mit $\sim$120 ms Länge.

PQ-Zeit: Entspricht der Summe aus der Zeit der Erregung der Atrien und der Reizweiterleitung zum AV-Knoten mit $\sim$120 – 200 ms Länge.

QRS-Komplex: Entspricht der Ventrikeldepolarisation mit $\sim$60 – 120 ms Länge.

QT-Zeit: Beginn der Ventrikelerregung bis Ende der Repolarisationsphase. Die Dauer der QT-Zeit ist frequenzabhängig.

ST-Strecke: Die Ventrikel sind vollständig depolarisiert.

T-Welle: Die Ventrikel repolarisieren mit entgegengerichteter Polarität und Richtung im Vergleich zur Depolarisation.

U-Welle: Kann nach der T-Welle auftreten. Ihre Bedeutung ist unter den Forschern umstritten.

2.4 Kardiologische Diagnostik

Grundlegende kardiologische Untersuchungsmethoden, die eine klassische Patientenanamnese beinhalten, reichen oftmals aus, um die Ursache für ein kardiologisches Leiden zu finden. Das EKG gehört zu den Standardmessmethoden in der Kardiologie, mit dessen Ergebnissen bereits viele diagnostisch relevante Aussagen getroffen werden können. Jedoch können ohne entsprechende Bildgebungsverfahren keine genauen Aussagen über Struktur und Funktion des Herzens getroffen werden.

Die Fortschritte der kardiologischen Bildgebung sind in den letzten Jahren deutlich größer geworden, sodass es möglich ist, kardiologische Parameter zu ermitteln, die Aussagen über Struktur und Funktion des Herzens geben [ALFM09, Iai09, LK08]:

Endsys-/Enddiastolisches Volumen: Das endsystolische (ESV) und enddiastolische Volumen (EDV) beschreiben das Blutvolumen in den Ventrikeln zum Ende der Systole bzw. Diastole. ESV und EDV können erhöhte Werte bei bestimmten Formen von dilatativer Kardiomyopathie aufweisen. Des Weiteren korreliert ein pathologisches LV-Volumen mit erhöhter Mortalität und Morbidität.

Schlagvolumen: Das Schlagvolumen (SV) berechnet sich aus der Differenz von EDV und ESV. Es beschreibt die Menge an Blut, die während der Systole ausgeworfen wird. Beim erwachsenen Menschen beträgt der Normalwert zwischen 70–100 ml und kann bei niedrigeren Volumenwerten bspw. auf einen Myokardinfarkt oder Myokarderkrankungen hinweisen.

Ejektionsfraktion: Die Ejektionsfraktion (EF) berechnet sich aus dem Verhältnis von SV zu EDV. Die EF ist ein wichtiger Parameter für die Herzfunktionsdiagnostik, bspw. bei der Diagnostik einer Herzinsuffizienz.

Herzminutenvolumen: Das Herzminutenvolumen (HMV) berechnet sich aus SV multipliziert mit der Herzfrequenz. Das HMV gibt Aufschluss über die Pumpleistung des Herzens.

Myokardiale Masse: Die myokardiale Masse (MM) berechnet sich aus dem myokardialen Volumen multipliziert mit der Myokarddichte ($1.05\,\text{g/cm}^3$) [Iai09] und wird in der Regel auf den LV bezogen (LV MM). Erhöhte Werte können auf Kardiomyopathien hinweisen.

Myokardiale Wanddicke: Beschreibt die Wanddicke zwischen endo- und epikardialem Gewebe.

Myokardiale Verdickung: Beschreibt den Unterschied der myokardialen Wanddicke während der enddiastolischen und endsystolischen Phase. Aus der myokardialen Verdickung können Rückschlüsse auf die Kontraktilität des Myokardgewebes gezogen werden.

Kapitel 3

Kardiovaskuläre Magnetresonanztomographie

Die Magnetresonanztomographie (MRT) ist ein etabliertes bildgebendes Verfahren in der medizinischen Diagnostik. Die Bilderzeugung bei der MRT basiert auf der Einbringung des (menschlichen) Körpers in ein sehr starkes Magnetfeld. Durch das Aussenden spezieller Hochfrequenzimpulse wird ein Signal im Körper erzeugt, das über Gradientenspulen aufgenommen und über einen Computer in Bildinformationen umgewandelt wird. Daher zählt die MRT zu den nicht-invasiven bildgebenden Modalitäten, da für die Bildakquirierung der Patient keiner elektromagnetischen Strahlung ausgesetzt wird, wie es bspw. bei der Computertomographie der Fall ist. Eine nähere Betrachtung der MRT Grundlagen ist in dieser Arbeit nicht vorgesehen. Für eine umfassende Übersicht zu diesem Thema kann [HBTV99] hinzugezogen werden. Als wesentliche Stärken der MRT sind vor allem der erhöhte Weichteilkontrast und die Bildakquirierung ohne ionisierende Strahlung, wie es im Gegensatz dazu bei der Computertomographie der Fall ist, zu nennen. Des Weiteren bietet die MRT die Möglichkeit, mehrere Bildschichten darzustellen, wobei eine beliebige Schnittführung[1] gewählt werden kann. Mithilfe spezieller Aufnahmetechniken aktueller Magnetresonanztomographen können zudem Sequenzen in hoher zeitlicher und räumlicher Auflösung aufgenommen werden, was die Darstellung bewegter Organe erlaubt. Letzteres ist besonders für die kardiovaskuläre MR-Bildgebung (CMR) von großer Bedeutung, da hierdurch das Herz in allen Phasen seines Zyklus aufgenommen werden kann. Durch die gewonnenen Bildaufnahmen können anschließend wichtige Funktionsparameter (siehe Abschnitt 2.4) bestimmt werden. Da sich das Herz in ständiger Bewegung befindet, bedarf es besonders schneller Aufnahmesequenzen und Triggerungen, um artefaktfreie und rauscharme Bildaufnahmen zu erhalten.

In diesem Kapitel werden die Grundlagen der CMR näher betrachtet, wobei besonders auf Verfahren zur Reduktion von Bewegungsartefakten eingegangen wird. Für eine umfassende Beschreibung der Thematik können [LBWD05, PC05, NVF02] hinzugezogen werden.

---

[1] Beschreibt die Orientierung der Bildebene. Diese kann bei der MR-Bildgebung frei gewählt werden, d.h. sie kann axial, koronar, sagittal etc. oder ganz individuell ausgerichtet werden.

3.1 Kardiologisches Gating

Durch das kardiologische *Gating* wird versucht, Bewegungsartefakte zu unterdrücken, die durch die Herzbewegung verursacht werden. Mithilfe einer Synchronisation von Aufnahme und EKG können Bilder zu beliebigen Phasen des Herzzyklus getätigt werden. Dabei dient die R-Zacke als Orientierungspunkt für die EKG-Triggerung der Messung. Zusätzlich kann eine frei wählbare Verzögerung konfiguriert werden, durch welche die Messung zeitlich versetzt startet. Dadurch kann der Beginn jeder Messung zu einer beliebigen Phase gewählt werden.

Grundlage für das kardiologische Gating ist die Synchronisation von Bildaufnahme und EKG. Es kann jedoch zu Störungen im EKG kommen, sobald sich der Patient im starken Magnetfeld des MRT befindet. Ursächlich dafür ist die Lorentzkraft, die sich durch das starke Magnetfeld auf die bewegten Ionen im Blut auswirkt und so zu einer messbaren Spannung an der Körperoberfläche des Patienten führt. Diese Spannung überlagert das EKG besonders im Bereich der T-Welle, da zu diesem Zeitpunkt die Blutflussgeschwindigkeiten maximal sind, so dass diese sich nur noch schwer von der R-Zacke unterscheiden lassen (siehe Abbildung 3.1) und damit ein Problem für die EKG-Triggerung darstellt. Deshalb werden in der Praxis spezielle MRT-kompatible Elektroden mit Glasfasertechnik benutzt, um Störquellen zu minimieren.

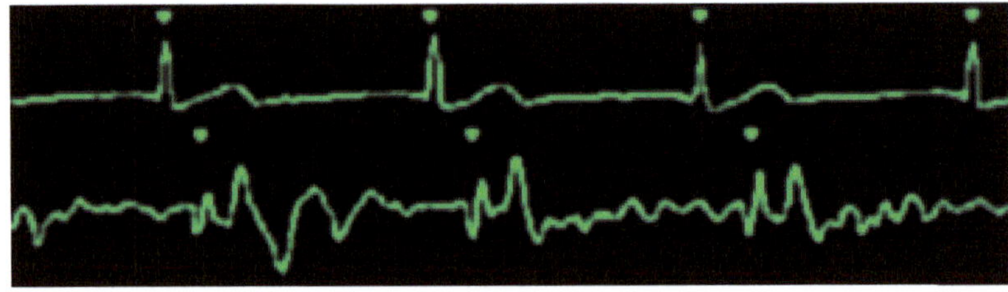

Abbildung 3.1: Aufgenommens EKG-Signal außerhalb (oben) und innerhalb des Magnetfeldes des MRT (unten). Das EKG wird mit einem Störsignal überlagert, welches besonders die T-Wellen anhebt (Nach [LK08]).

Generell wird beim kardiologischen Gating zwischen zwei grundlegenden Methoden unterschieden:

Prospektives Gating: Die R-Zacke des QRS-Komplexes im EKG dient als Orientierungspunkt für die Triggerung der Bildaufnahme. Dabei kann die Triggerung mithilfe einer frei wählbaren Verzögerung und deren Länge so eingestellt werden, dass eine beliebige Phase des Herzzyklus gemessen werden kann. Dies bietet den Vorteil, den Aufnahmepunkt so zu wählen, dass die Messung zu einem Zeitpunkt startet, an dem wenig Herzbewegung herrscht (z.B. mitt-diastolische Ruhephase). Ein Präparationspuls zwischen Triggerverzögerung und Aufnahme sorgt für eine spätere Kontrasterhöhung im Bild. Nachteilig bei dieser Gating-Methode ist der Verlust von Dateninformation im Bereich kurz hinter der R-Zacke, da durch das Auslösen einer neuen Messung ein Bruchteil an Messzeit verloren geht, in welcher der Herzzyklus bereits weiter fortschreitet. Des Weiteren ist das prospektive Gating anfällig für Herzarrhythmien, da kein kontinuierliches RR-Intervall erkannt wird.

Zudem kann die Intensität zwischen den einzelnen Bildern durch die Triggerung stärker abweichen.

Retrospektives Gating: Im Gegensatz zum prospektiven Gating erfolgt hier eine kontinuierliche Aufnahme mehrerer Herzzyklen ohne Verwendung einer EKG-Triggerung. Die Synchronisation des EKG mit den Bilddaten erfolgt nachträglich, wodurch besonders Arrhythmien kompensiert werden können. Dadurch ist diese Gating-Methode sehr robust. Man erhält dieselben Signalintensitäten über die Zeit, da keine Unterbrechungen durch Triggerpulse erfolgen, was besonders für die Aufnahme von cine-MR-Sequenzen von großer Bedeutung ist. Die Aufnahmen beim retrospektiven Gating sind jedoch kontrastärmer, da hier ein Präparationspuls fehlt.

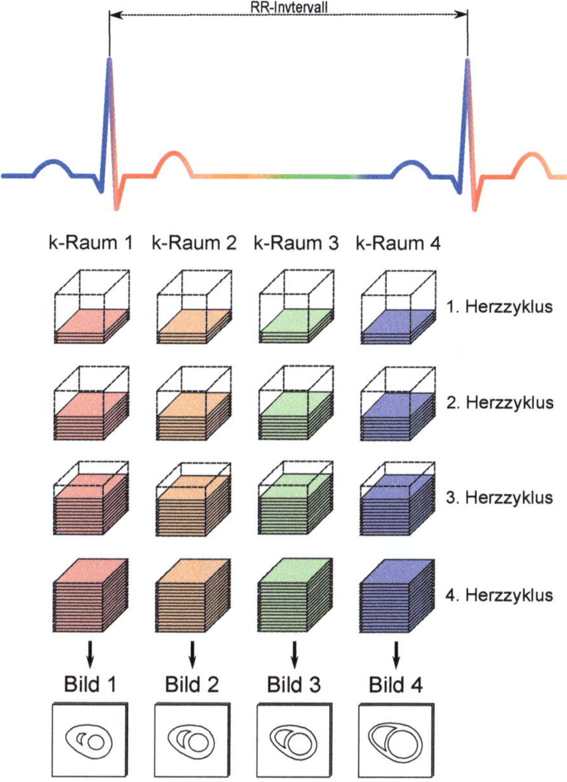

Abbildung 3.2: Schema der k-Raum-Segmentierung. Der aufzunehmende k-Raum jedes Bildes fasst in diesem Beispiel 16 Zeilen und wird in N Segmente mit jeweils vier Zeilen unterteilt. Während der Aufnahme werden nun die einzelnen k-Räume pro Herzzyklus mit den Segmenten der entsprechenden Phase gefüllt. In diesem Beispiel werden pro Zyklus vier Bilder gleichzeitig gemessen, die nach vier Herzzyklen vollständig aufgenommen sind.

Würde man nur ein Bild pro Herzzyklus aufnehmen, wäre eine Aufnahme sämtlicher Phasen des Herzzyklus sehr zeitintensiv. Daher werden gleich mehrere Bilder pro Zyklus aufgenommen, die über mehrere Herzschläge „stückweise "rekonstruiert werden. Dabei werden die Zeilen des k-Raums jedes Bildes in eine bestimmte Anzahl von Segmenten unterteilt, was als *Segmentierung* bezeichnet wird. Pro Herzzyklus wird nun der k-Raum des Bildes zur entsprechenden Phase mit einem Segment stückweise gefüllt. Die Aufnahmezeit eines Segments, welches zwischen 8–16 Zeilen beinhaltet, beträgt hierbei einen Bruchteil des RR-Intervalls mit ca. 30–50 ms Länge. Eine schematische Darstellung des Verfahrens ist in Abbildung 3.2 gegeben.

3.2 Respiratorisches Gating

Neben der Herzbewegung ist die Atembewegung des Patienten eine weitere Quelle für Bewegungsartefakte. Atemartefakte wirken sich vor allem in Form von Unschärfen und Ghosting-Effekten[2] auf das Bild aus. Des Weiteren verursacht die Zwerchfellbewegung eine Verschiebung des Herzens in kraniokaudaler Richtung. Wie auch beim kardiologischen Gating können die Bilddaten prospektiv oder retrospektiv aufgezeichnet werden. Auch beim respiratorischem Gating gibt es verschiedene Ansätze, die im weiteren Verlauf vorgestellt werden.

Atemstopp-Technik: Bei dieser Technik hält der Patient während der Aufnahme den Atem an, um Artefakte zu unterdrücken. Hierbei werden sehr schnelle Aufnahmesequenzen verwendet, da das Zeitfenster der Aufnahme abhängig von der Ausdauer des Patienten ist. Dauert eine Messung länger, muss diese in mehrere Messungen aufgeteilt werden. Weiterhin werden alle Aufnahmen während derselben Atemphase durchgeführt (Endinspirations- oder Endexpirationsphase), da ansonsten Verschiebungsartefakten auftreten können. Ein großer Nachteil der Atemstopp-Technik ist jedoch die sehr (durch den Patienten) begrenzte Aufnahmezeit. Da manche Messungen längere Aufnahmesequenzen benutzen, müsste in diesem Fall eine Messung in mehreren Teilmessungen durchgeführt werden.

Mittelungen: Anders als bei der Atemstopp-Technik atmet der Patient während der Messung normal weiter. Die Bewegungsartefakte werden durch mehrfache Aufnahmen, die anschließend gemittelt werden, reduziert. Je höher die Anzahl der Mittelungen, desto weniger Bewegungsartefakte sind vorhanden. Damit steigt jedoch auch die Dauer der Untersuchung.

Navigator-Technik: Bei dieser Technik wird die Atembewegung mithilfe eines *Navigatorechos*, das in die Bildsequenz integriert wird, detektiert. Somit kann die Zwerchfellbewegung in Echtzeit ermittelt werden. Dazu wird das Navigatorsignal, bestehend aus einem 90° und einem 180° Puls, so positioniert, dass sich die Navigatorschichten auf der rechten Kuppe des Zwerchfells kreuzen. Hieraus entsteht nun ein Spinecho-Profil in kraniokaudaler Richtung, das die Zwerchfellposition in Echtzeit beschreibt. Auch die Navigator-Technik kann prospektiv oder retrospektiv durchgeführt werden. Bei der prospektiven Navigator-Technik

---

[2]Der Ghosting-Effekt ist eine leicht versetzte Kopie des Bildinhalts, die das Originalbild überlagert, was bspw. gut an doppelten Kanten zu erkennen ist.

wird vor Beginn der Messung das Such- und das Akzeptanzfenster festgelegt. Anschließend wird eine Referenzmessung durchgeführt, mit der die Referenzposition des Zwerchfells bestimmt wird. Bei der Messung wird nun direkt vor jeder Bildaufnahme ein Navigator-Profil erzeugt und mit der Referenzposition verglichen. Sollte die Abweichung nicht innerhalb des Akzeptanzfensters liegen, wird diese verworfen und beim nächsten Herzzyklus erneut aufgezeichnet. Bei der retrospektiven Navigator-Technik wird die Position des Zwerchfells für jede Zeile im k-Raum registriert. Anschließend wird über eine Häufigkeitsverteilung der Zwerchfellpositionen die endexspiratorische Phase ermittelt, welche der am häufigsten gemessenen Position entspricht. Dadurch können die k-Raumzeilen einer Phase des Atemzyklus zugeordnet werden.

3.3 Kardiologische cine-MR-Sequenzen

Durch kardiologische cine-MR-Bildgebung ist es möglich Bewegungsabläufe des Herzens zu studieren. So lassen sich bspw. Aussagen über die Kontraktilität des Myokardgewebes treffen, die nach einem Herzinfarkt gesenkt sein könnte. Die erzeugten cine-MR-Sequenzen bestehen aus mehreren einzelnen Bildern verschiedener Phasen des Herzzyklus. Durch das Abspielen der einzelnen Bilder in einer Endlosschleife wird die Sequenz animiert, wodurch das Bewegungsverhalten des Herzens studiert und analysiert werden kann. In der Regel umfasst eine cine-MR-Sequenz ca. 10 bis 20 Bilder, die einen gesamten Herzzyklus repräsentieren (R-R-Intervall), wobei die Anzahl der verwendeten Bilder die zeitliche Auflösung der Sequenz bestimmt. Alle Teilbilder einer kompletten cine-MR-Sequenz sind in Abbildung 3.3 illustriert. Um Artefakte während der Aufnahme zu vermeiden, werden Gating-Methoden angewandt (vgl. 3.1 und 3.2). Neben der Bewegungsanalyse des Herzens können weitere Funktionsparameter bestimmt werden (vgl. Abschnitt 2.4), wobei die cine-MR Bildgebung zu den Goldstandardverfahren gehört [Iai09]. Anders als bei konventionellen CT- oder MRT-Bildern ist die Schnittführung der Bildebene an der kurzen bzw. langen Achse des Herzens ausgerichtet. Unterschieden wird hierbei zwischen Aufnahmen in Kurzachsen- und Langachsenansicht. Eine Übersicht verschiedener Ansichten ist in Abbildung 3.4 dargestellt.

Für die cine-MR-Bildgebung werden sehr schnelle Pulssequenzen verwendet, die eine besonders kurze TE- und TR-Zeit kennzeichnet. In der Regel werden das *Gradienten-Echo* (GRE) und *Steady-State Free Precession* (SSFP) als Pulssequenzen verwendet. Im Vergleich zum GRE wird bei SSFP der Blutpool heller dargestellt, wodurch er sich deutlicher vom Myokardgewebe abgrenzen lässt. Dadurch wird ein höheres Kontrast-Rausch-Verhältnis erreicht. Des Weiteren sind verkürzte Aufnahmezeiten und eine höhere räumliche und zeitliche Auflösung mit SSFP möglich [LK08, Iai09]. Seit einigen Jahren ist die cine-MR-Bildgebung Bestandteil der klinischen Diagnostik. Als Gating-Verfahren werden in der Praxis am häufigsten die Atemstopp-Technik und das EKG-Gating in Kombination mit einer Segmentierung des k-Raums verwendet. Da die Aufnahmezeit sehr kurz gehalten werden muss, ist die räumliche Auflösung der Sequenz im Vergleich zu konventionellen MR-Aufnahmen deutlich geringer. In der Regel beträgt die Schichtauflösung $1.5 - 2\,mm^2$ mit einer Schichtdicke von $5 - 10\,mm$. Die

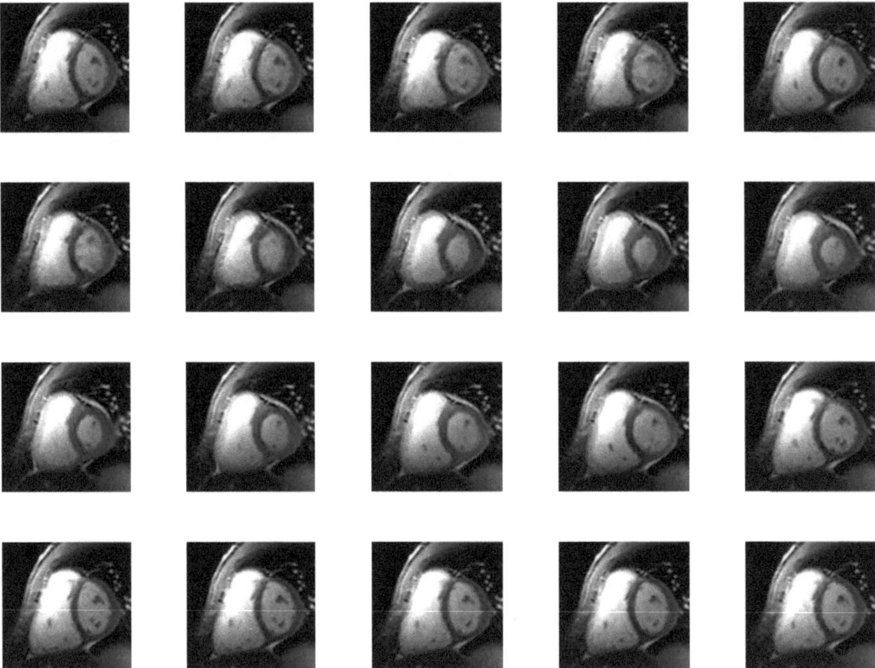

Abbildung 3.3: Darstellung der einzelnen Bildkomponenten einer cine-MR Sequenz mit Ansicht aus der Kurzachse des Herzens.

zeitliche Auflösung beträgt dabei 30 – 50 ms mit einer Scanzeit von 8 – 16 ms pro Schicht.

Hierzu ein kleines Beispiel: Es werden 96 Zeilen benötigt, um ein komplettes Bildvolumen einer bestimmten Herzzyklusphase zu rekonstruieren. Die Wiederholzeit[3] (TR) beträgt 5 ms und es werden 8 Zeilen pro Herzschlag gemessen. Dann ist die zeitliche Auflösung 8 Zeilen × 5 ms pro Zeile = 40 ms pro Bild. Daraus leitet sich eine Gesamtaufnahmezeit von 12 Herzschlägen (96 Zeilen / 8 Zeilen pro Herzschlag = 12 Herzschläge) ab [LK08].

---

[3]Beschreibt den zeitlichen Abstand der Wiederholungen einer Messung.

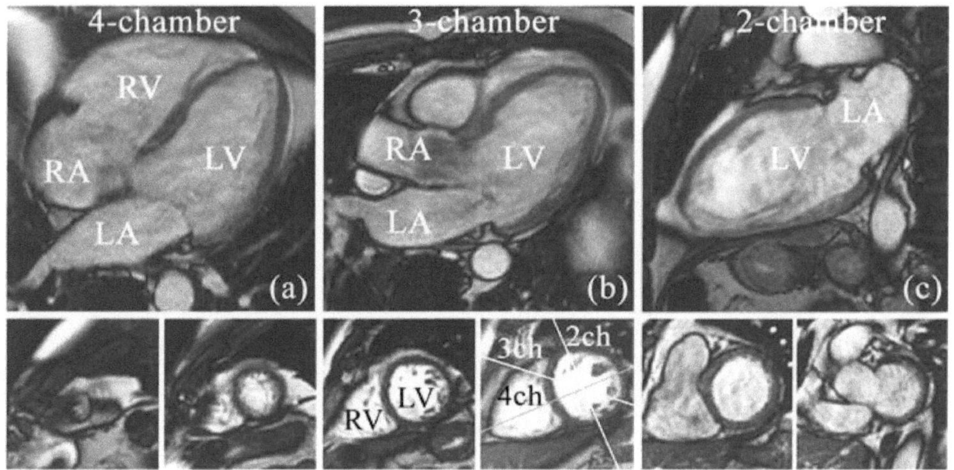

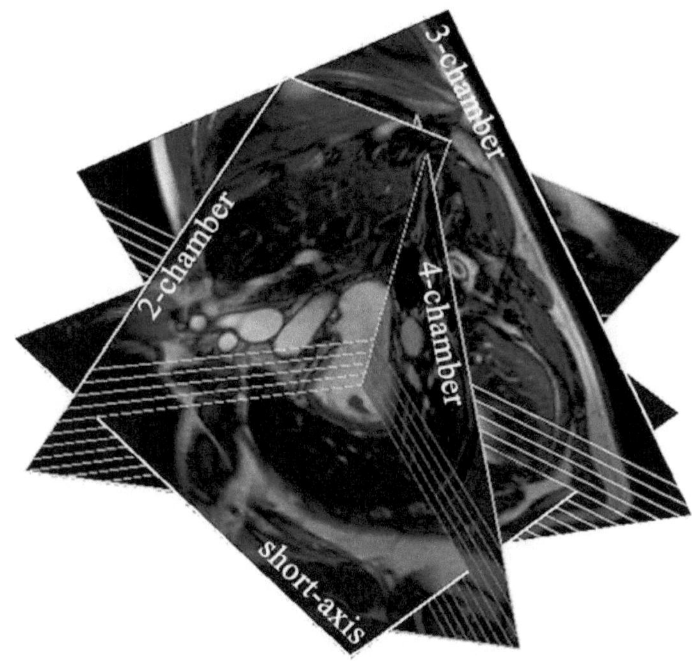

Abbildung 3.4: (oben) Visualisierung der (a) 4-Kammer-, (b) 3-Kammer- (c) 2-Kammeransicht in Langachsenansicht. (d) Darstellung der Ventrikel in Kurzachsenansicht; (unten) 3D-Visualisierung der Orientierung und Position der Ansichten in der Kurz- und Langachse (Quelle: [SRE$^+$09]).

Kapitel 4

Variationelle Registrierung

Die (Bild-)Registrierung ist ein wichtiger Bestandteil der medizinischen Bildverarbeitung und hat einen großen Stellenwert in der Medizin. Mit ihr lassen sich bspw. Bilddaten verschiedener Modalitäten aufeinander anpassen (Bildfusion), wodurch die unterschiedlichen Informationen kombiniert werden (multimodale Bilddaten) und die medizinische Diagnostik unterstützen. Darüber hinaus kann die Registrierung dazu benutzt werden, Bilddaten von Patienten direkt miteinander zu vergleichen und zu analysieren, wobei z.B. morphologische Unterschiede von Interesse sein können [Han09].

In diesem Kapitel werden die Grundlagen der nicht-linearen nicht-parametrischen variationellen Registrierung vorgestellt. Nach der Formulierung des Registrierungsproblems (Abschnitt 4.1) wird auf das Distanzmaß (Abschnitt 4.1.1) und die Regularisierung (Abschnitt 4.1.2) eingegangen. Zum Schluss wird eine Übersicht der diffeomorphen Registrierung gegeben (Abschnitt 4.2).

4.1 Formulierung des Registrierungsproblems

Das grundlegende Ziel der Registrierung besteht darin, eine geeignete Transformation zwischen Bildern zu finden, um entsprechende Merkmale in Übereinstimmung zu bringen.

Gegeben seien zwei d-dimensionale Bilder R und T. Hierbei beschreibt R das Referenzbild mit $R : \Omega \to \mathbb{R}$ und T das Target- bzw. Templatebild mit $T : \Omega \to \mathbb{R}$ auf dem Gebiet $\Omega \subset \mathbb{R}^d$. Dabei wird angenommen, dass das Ω für R und T gleich ist. Gesucht ist nun eine Transformation

$$\varphi(\boldsymbol{x}) := \boldsymbol{x} + u(\boldsymbol{x}) \tag{4.1}$$

mit $\varphi : \mathbb{R}^d \to \mathbb{R}^d$ und $\boldsymbol{u} : \Omega \to \mathbb{R}^d$, die das Targetbild deformiert, sodass es dem Referenzbild möglichst ähnelt. Dabei beschreibt $u(\boldsymbol{x})$ ein Verschiebungsfeld, welches die Bildpunkte von $T(\boldsymbol{x})$ auf $R(\boldsymbol{x})$ abbildet, wie in Abbildung 4.1 illustriert wird.

Um eine optimale Transformation zu erhalten, kann das Energiefunktional

$$\mathcal{J}^{REG}[\varphi] := \mathcal{D}[R, T; \varphi] + \beta \cdot \mathcal{S}[\varphi], \tag{4.2}$$

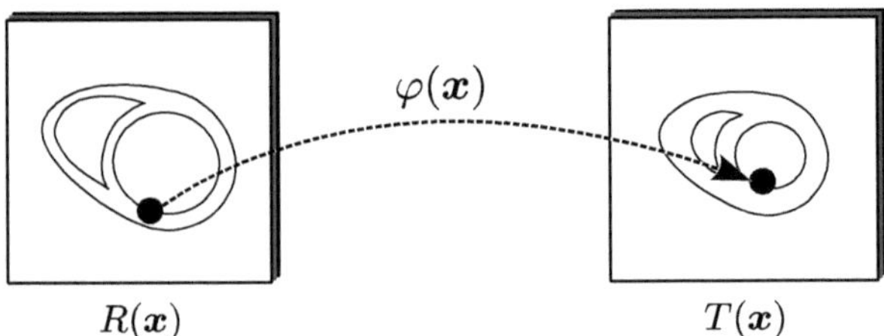

Abbildung 4.1: Schematische Darstellung einer Bildregistrierung zwischen zwei Bildern des Herzens (Kurzachsenansicht) zu verschiedenen Phasen des Herzzyklus (R: Diastole, T: Systole). Die Transformation $\varphi(\boldsymbol{x})$ bildet hierbei die Bildpunkte von T auf die korrespondierenden Bildpunkte von R ab.

bestehend aus einem Distanzmaß $\mathcal{D}$ und einem Regularisierer $\mathcal{S}$, als Energieminimierungsproblem in Abhängigkeit von φ formuliert werden:

$$\mathcal{J}^{REG}[R, T; \varphi] \xrightarrow{\varphi} \min. \tag{4.3}$$

Da die Beziehung (4.1) gilt, wird im weiteren Verlauf $\boldsymbol{u}$ anstelle von φ für die Minimierung verwendet.

Die für die Minimierung von $\mathcal{J}[\boldsymbol{u}]$ erforderliche Euler-Lagrange-Gleichung[1] führt zur notwendigen Bedingung

$$0 = -\boldsymbol{f}(\boldsymbol{u}(\boldsymbol{x})) + \beta \cdot \mathcal{A}[\boldsymbol{u}]. \tag{4.4}$$

Dabei beschreibt $\boldsymbol{f} : \Omega \to \mathbb{R}^d$ ein Kraftfeld, welches das Ergebnis des Gâteaux-Differentials von $\mathcal{D}[R, T; \boldsymbol{u}]$ ist und $\mathcal{A}$ ist ein linearer partieller Differentialoperator, der aus dem Gâteaux-Differential von $\mathcal{S}[\boldsymbol{u}]$ abgeleitet wird. Zudem stellt β eine Gewichtung von $\mathcal{S}$ dar.

Das Registrierungsproblem (4.3) kann bspw. mithilfe eines iterativen semi-impliziten Schemas

$$\boldsymbol{u}^{(k+1)} = (\mathrm{Id} - \tau \mathcal{A})^{-1} \left(\boldsymbol{u}^{(k)} + \tau \boldsymbol{f}(\boldsymbol{u}^{(k)}) \right) \tag{4.5}$$

gelöst werden. Hierbei beschreibt Id die Identität und τ die Schrittweite. Die variationelle Registrierung ist in Algorithmus 1 zusammengefasst. Im Weiteren wird näher auf das Distanzmaß sowie den Regularisierungsterm eingegangen.

4.1.1 Distanzmaß

Über das Distanzmaß $\mathcal{D}$ lässt sich die Ähnlichkeit zwischen Referenz- und Targetbild quantifizieren, was bedeutet, dass Aussagen darüber getroffen werden können, ob sich Referenzbild und Targetbild bspw. während eines Registrierungsprozesses ähnlicher

---

[1]Für eine detailliertere Betrachtung der Variationsrechnung siehe [Kie10]

Algorithmus 1 Variationellen Registrierung

Initialisiere $\boldsymbol{u}^{(0)} = 0$ oder mit initialem Verschiebungsfeld und $k = 0$

repeat

    Berechne Aktualisierungsschritt $\boldsymbol{p}^{(k)} = \tau \boldsymbol{f}\left(\boldsymbol{u}^{(k)}\right)$
    Setze $\boldsymbol{u}^{(k)} \leftarrow \boldsymbol{u}^{(k)} + \boldsymbol{p}^{(k)}$
    Regularisation des Verschiebungsfelds durch $\boldsymbol{u}^{(k+1)} = (\mathrm{Id} - \tau\mathcal{A})^{-1}\,\boldsymbol{u}^{(k)}$
    Setze $k \leftarrow k + 1$

until $\|\boldsymbol{u}^{k+1} - \boldsymbol{u}^n\| < \varepsilon$ oder $k \geq K_{max}$

---

werden oder nicht. Dabei ist die Wahl des Distanzmaßes abhängig von der Art des Registrierungsproblems, z.B. ob es sich um eine mono- oder multimodale Bildregistrierung handelt. Die Wahl des Distanzmaßes ist daher entscheidend für das spätere Ergebnis der Registrierung. Eine umfangreiche Übersicht verschiedener Distanzmaße wird in [Sch13] vorgestellt. Für eine monomodale Registrierung wird am häufigsten die *(Normalized) Sum Of Squared Differences* (SSD/NSSD) verwendet [HBHH01, Thi95]. Für multimodale Registrierungsprobleme werden häufig *(Normalized) Cross Correlation* (CC/NCC) [HBHH01, AEGG08], *(Normalized) Mutual Information* (MI/NMI) [VW97, SHH99] und *Normalized Gradient Field* (NFG) [HM06] benutzt.

SSD-Distanzmaß

Eines der einfachsten und gleichzeitig häufig verwendeten Distanzmaße ist das SSD-Distanzmaß. Es wird ausschließlich für die monomodale Registrierung verwendet, da lediglich Intensitätsunterschiede der Grauwerte pro Voxel quantifiziert werden. Das SSD-Distanzmaß wird folgendermaßen definiert:

$$\mathcal{D}^{SSD}[R, T; \boldsymbol{u}] := \frac{1}{2} \int_\Omega (T(\boldsymbol{x} + \boldsymbol{u}(\boldsymbol{x})) - R(\boldsymbol{x}))^2 \, d\boldsymbol{x}. \tag{4.6}$$

Die Ableitung von $\mathcal{D}^{SSD}$ führt zu dem Kraftterm

$$\boldsymbol{f}^{SSD}(\boldsymbol{u}) := (T(\boldsymbol{x} + u(\boldsymbol{x})) - R(\boldsymbol{x}))\nabla T(\boldsymbol{x} + u(\boldsymbol{x})). \tag{4.7}$$

Thirion führte in [Thi98] eine normalisierte Form des Kraftterms ein. Im Vergleich zu (4.7) weit

$$\boldsymbol{f}^{NSSD_{akt}}(\boldsymbol{u}) := \frac{T(\boldsymbol{x} + \boldsymbol{u}(\boldsymbol{x})) - R(\boldsymbol{x})}{\|\nabla T(\boldsymbol{x} + \boldsymbol{u}(\boldsymbol{x}))\|^2 + \gamma \cdot (T(\boldsymbol{x} + \boldsymbol{u}(\boldsymbol{x})) - R(\boldsymbol{x}))^2} \nabla T(\boldsymbol{x} + \boldsymbol{u}(\boldsymbol{x})) \tag{4.8}$$

durch die normalisierten Gradienten größere Kräfte in Bereichen mit schwachen Bildkontrasten auf. γ beschreibt hierbei das mittlere quadrierte Voxelspacing und verhindert Stabilitätsprobleme in Regionen mit Grauwertdifferenzen nahe null. Des Weiteren wird in (4.8) $T(\boldsymbol{x} + \boldsymbol{u}(\boldsymbol{x}))$ für die Kräfteberechnung verwendet, was zu *aktiven* Kräften führt, die T auf R *schieben*.

Im Vergleich zu $\boldsymbol{f}^{NSSD_{akt}}$ wird bei

$$\boldsymbol{f}^{NSSD_{pass}}(\boldsymbol{u}) := \frac{T(\boldsymbol{x} + \boldsymbol{u}(\boldsymbol{x})) - R(\boldsymbol{x})}{||\nabla R(\boldsymbol{x})||^2 + \gamma \cdot (T(\boldsymbol{x} + \boldsymbol{u}(\boldsymbol{x})) - R(\boldsymbol{x}))^2} \nabla R(\boldsymbol{x}) \qquad (4.9)$$

R für die Berechnung der Kräfte benutzt. Die dabei entstehenden *passiven* Kräfte *drücken* das Targetbild T, sodass es zu R passt. Vorteil der Kraftberechnung im Referenzbild ist, dass die Kräfte sehr effizient zu bestimmen sind, da diese nicht für jede Iteration neu berechnet werden müssen wie es bei $\boldsymbol{f}^{NSSD_{akt}}$ der Fall ist [Sch13]. Als eine Kombination von $\boldsymbol{f}^{NSSD_{akt}}$ und $\boldsymbol{f}^{NSSD_{pass}}$ beschreibt

$$\boldsymbol{f}^{NSSD_{sym}}(\boldsymbol{u}) := \frac{(T(\boldsymbol{x} + \boldsymbol{u}(\boldsymbol{x})) - R(\boldsymbol{x})) \cdot (\nabla R(\boldsymbol{x}) + \nabla T(\boldsymbol{x} + \boldsymbol{u}(\boldsymbol{x})))}{||\nabla R(\boldsymbol{x}) + \nabla T(\boldsymbol{x} + \boldsymbol{u}(\boldsymbol{x}))||^2 + \gamma \cdot (T(\boldsymbol{x} + \boldsymbol{u}(\boldsymbol{x})) - R(\boldsymbol{x}))^2} \qquad (4.10)$$

eine symmetrische Kraftberechnung.

4.1.2 Regularisierer

Ein großes Problem der nicht-linearen Registrierung ist, dass ohne weitere Einschränkungen für $\boldsymbol{u}$ das Registrierungsproblem *schlecht gestellt* ist. Das bedeutet, dass Existenz-, Eindeutigkeits- oder Stabilitätsbedingungen nicht erfüllt werden [Mod04]. Mithilfe des Regularisierungsterms $\mathcal{S}$ muss $\boldsymbol{u}$ zusätzliche Bedingungen erfüllen, wodurch das schlecht gestellte Registrierungsproblem in ein *gut gestelltes* überführt wird. Dabei bestraft der Regularisierungsterm ungewollte große Änderungen im Verschiebungsfeld. Ein Verschiebungsfeld wird dann als *glatt* bezeichnet, wenn die Änderungen in alle Richtungen klein ausfallen. Daher wird der Regularisierungsterm auch als Glättungs- bzw. Strafterm bezeichnet. Ebenso hat die Wahl des Regularisiers großen Einfluss auf das Registrierungsergebnis. Hierbei sind die *Gaußsche* [Thi98] bzw. *diffusive* [FM02], *elastische* [Bro81], *fluidale* [CRM96] und *krümmungsbasierte* Regularisierung [Mod04] die geläufigsten Verfahren.

Diffusiver Regularisier

Die diffusive Regularisierung wurde erstmals von Horn *et al.* eingeführt [HS81]. Die diffusive Regularisierung $\mathcal{S}^{Diff}$ wird wie folgt definiert:

$$\mathcal{S}^{Diff}[\varphi] := \frac{1}{2} \sum_{l=1}^{d} \int_{\Omega} ||\nabla u_l||^2 \, d\boldsymbol{x}. \qquad (4.11)$$

Die Ableitung von $\mathcal{S}^{Diff}$ führt zum Laplace Operator

$$\mathcal{A}^{Diff}[\boldsymbol{u}] = \Delta \boldsymbol{u}. \qquad (4.12)$$

4.2 Diffeomorphe Registrierung

In der medizinischen Bildregistrierung ist die Berechnung von diffeomorphen Transformationen die natürliche Wahl, da sie einen Topologieerhalt garantieren [BMTY05]. Dadurch bleiben verbundene Strukturen verbunden und getrennte Strukturen getrennt. Diffeomorphe Transformationen sind bijektive und stetig differenzierbare Abbildungen und Umkehrabbildungen. Dadurch sind diese Transformationen äußerst interessant für die vorliegende Arbeit, da die Invertierbarkeit der Verschiebungsfelder essentiell für die räumliche und zeitliche Registrierung ist, z.B. für die Berechnung der Trajektorien (vgl. Abschnitt 5.3). Eine diffeomorphe Transformation $\varphi : \Omega \to \Omega$ mit $\Omega \subset \mathbb{R}^d$ korrespondiert mit der Transportgleichung aus der Kontinuumsmechanik [Tro98].

$$\frac{\partial}{\partial t}\phi(\boldsymbol{x},t) = \boldsymbol{v}(\phi(\boldsymbol{x},t),t) \tag{4.13}$$

mit $\phi(\boldsymbol{x},0) = \boldsymbol{x}$ beschreibt die Entwicklung des Diffeomorphismus, der durch das Geschwindigkeitsfeld $\boldsymbol{v} : \Omega \times [0,1] \to \mathbb{R}^d$ parametrisiert wird [ACPA06]. Im Prinzip bedeutet (4.13), dass der Diffeomorphismus den Endpunkt des Flusses ϕ zum Zeitpunkt t mit $t \in [0,1]$ beschreibt. Da die Berechnung von zeit- und raumabhängigen diffeomorphen Transformationen sehr zeit- und rechenintensiv ist, wird der Diffeomorphismus durch stationäre Vektorfelder $\boldsymbol{v}(\boldsymbol{x},t) = \boldsymbol{v}(\boldsymbol{x})$ parametrisiert, was bedeutet, dass $\boldsymbol{v}$ konstant über die Zeit bleibt [EWSH11]. Die resultierenden Vektorfelder haben ebenfalls die gewünschten diffeomorphen Eigenschaften, können aber effizient berechnet werden. Der Diffeomorphismus zum Zeitpunkt $t = 1$ von (4.13)

$$\varphi(\boldsymbol{x}) = \phi(\boldsymbol{x},1) = \exp(\boldsymbol{v}(\boldsymbol{x})) \tag{4.14}$$

kann einfach über den *scaling-and-squaring-Algorithmus* [ACPA06] ermittelt werden. Des Weiteren lässt sich die Inverse des Geschwindigkeitsfeldes durch $\varphi^{-1}(\boldsymbol{x}) = \exp(-\boldsymbol{v}(\boldsymbol{x}))$ bestimmen. Im Vergleich zu (4.5) wird anstelle von $\boldsymbol{u}$ nun iterativ $\boldsymbol{v}$ bestimmt, sodass sich folgendes Aktualisierungsschema ergibt:

$$\boldsymbol{v}^{(k+1)} = (\mathrm{Id} - \tau\mathcal{A})^{-1}\left(\boldsymbol{v}^{(k)} + \tau\boldsymbol{f}(\boldsymbol{v}^{(k)})\right). \tag{4.15}$$

Die diffeomorphe Registrierung ist in Algorithmus 2 zusammengefasst. Für eine detailliertere Betrachtung dieser Thematik kann [ACPA06, Sch13] hinzugezogen werden.

Algorithmus 2 Diffeomorphe variationelle Registrierung

Initialisiere $v^{(0)} = 0$ oder mit initialem Geschwindigkeitsfeld, $u^{(0)} = \exp\left(v^{(0)}\right) - x$ und $k = 0$

repeat

     Berechne Aktualisierungsschritt $p^{(k)} = \tau f\left(u^{(k)}\right)$

     Setze $v^{(k)} \leftarrow v^{(k)} - p^{(k)}$

     Regularisation des Geschwindigkeitsfelds durch $v^{(k+1)} = (\mathrm{Id} - \tau \mathcal{A})^{-1} v^{(k)}$

     Berechnung des korrespondierenden Verschiebungsfelds $u^{k} \leftarrow \exp\left(v^{(k)}\right) - x$

     Setze $k \leftarrow k + 1$

until $\|v^{k+1} - v^{n}\| < \varepsilon$ oder $k \geq K_{max}$

Kapitel 5

Räumliche und zeitliche Registrierung von Bildsequenzen

Dieses Kapitel beschäftigt sich mit der räumlich-zeitlichen Registrierung von Bildsequenzen. Durch die stetige Weiterentwicklung bildgebender Verfahren, wie der Computertomographie (CT) oder der MRT, ist neben der konventionellen 3D-Aufnahme die Akquirierung von zeitlich aufgelösten Bildsequenzen möglich (vgl. Abschnitt 3.3). Die Bildsequenzen geben Aufschluss über die Bewegungscharakteristik von Organen, wie bspw. des Herzens oder der Lunge. Besonders bei Organen wie dem Herzen, welches Form und Füllvolumen durch ständige Kontraktion und Entspannung ändert, kann eine adäquate Darstellung nur durch die Aufnahme aller Phasen des Herzzyklus gewährleistet werden, um bspw. diagnostisch wichtige Funktionsparameter ermitteln zu können (vgl. Abschnitt 2.4). Des Weiteren lassen sich therapeutische Fortschritte anhand des Vergleichs der Bildsequenzen vor und nach bzw. während der Therapie evaluieren oder Unterschiede eines gesunden und eines kranken Herzens ermitteln.

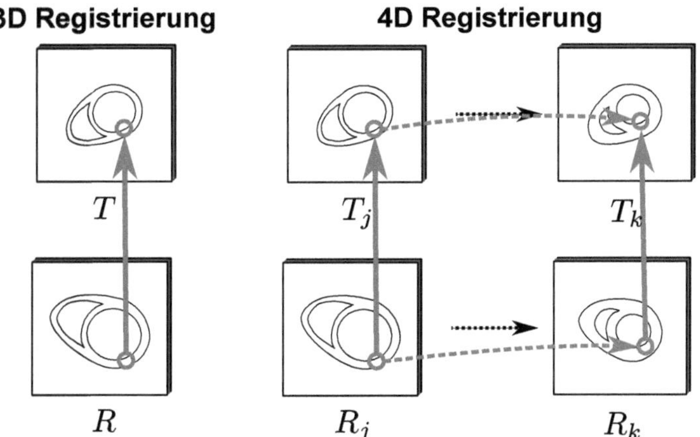

Abbildung 5.1: Vergleich von 3D- und 4D-Registrierung. Während bei der 3D-Registrierung einzelne Bildpaare R und T aufeinander abgebildet werden (links), kann man mithilfe der 4D-Registrierung komplette Bildsequenzen aufeinander abbilden (rechts). Das bedeutet, dass nun ein Bildpunkt x aus der Referenzsequenz R zu jedem Zeitpunkt t auf den korrespondierenden Bildpunkt x' abgebildet wird.

Für die Beschreibung von Bildsequenzen reicht die Definition aus Abschnitt 4 nicht aus. Sei nun R die Referenzsequenz und T die Targetsequenz mit $\Omega_R \times \tau_R \subset \mathbb{R}^3 \times \mathbb{R}$ und $\Omega_T \times \tau_T \subset \mathbb{R}^3 \times \mathbb{R}$:

$$R : \Omega_R \times \tau_R \to \mathbb{R} \qquad\qquad T : \Omega_T \times \tau_T \to \mathbb{R}$$
$$(\boldsymbol{x}, t) \mapsto R(\boldsymbol{x}, t) \qquad\qquad (\boldsymbol{x}', t') \mapsto T(\boldsymbol{x}', t').$$

Ω beschreibt die Bilddomäne mit dem Aufnahmezeitintervall τ. Das bedeutet, dass nun der Bildpunkt $\boldsymbol{x}$ zu jedem Zeitpunkt t auf den korrespondierenden Bildpunkt $\boldsymbol{x}'$ abgebildet wird (vgl. Abbildung 5.1). Gesucht ist nun also eine räumlich-zeitliche Transformation ψ, welche die Bildpunkte (x, t) in R auf die zugehörigen Bildpunkte (x', t') in T abbildet:

$$\psi : \Omega_R \times \tau_R \to \Omega_T \times \tau_T$$
$$(\boldsymbol{x}, t) \mapsto \psi(\boldsymbol{x}, t) = (\boldsymbol{x}', t').$$

Da die Zeit nicht als vierte räumliche Dimension angesehen werden kann, müssen die bestehenden Bildverarbeitungsmethoden auf räumlich-zeitliche Bilddaten angepasst werden. Neben den bekannten Schwierigkeiten beim Vergleich zweier Aufnahmen unterschiedlicher Individuen, wie bspw. verschiedenen globalen Ausrichtungen, morphologischen Unterschieden des zu untersuchenden Organs oder starken Intensitätsabweichungen gleicher Strukturen, müssen nun ebenfalls zeitliche Fehlstellungen der zu vergleichenden Sequenzen korrigiert werden. Besonders für die Untersuchung von bewegten Organen wie dem Herzen ist eine zeitliche Anpassung der Sequenzen wichtig. Werden die entsprechenden Phasen beider Bildsequenzen nicht in Einklang gebracht, kann nicht garantiert werden, dass korrespondierende Bildpunkte über die Zeit aufeinander abgebildet werden. Die resultierenden Transformationen ψ der räumlich-zeitlichen Registrierung können anschließend für Methoden wie der registrierungsbasierten Segmentierung verwendet werden. Im weiteren Verlauf wird der aktuelle Stand der Forschung im Bereich der räumlich-zeitlichen Registrierung von (kardiologischen) Bildsequenzen erörtert.

Einen der ersten Ansätze zum Angleichen von Bildsequenzen durch räumlich-zeitliche Transformationen stellte Caspi *et al.* vor [CI02]. Konzipiert wurde der Algorithmus für die Anpassung von Filmsequenzen, die eine Szene aus verschiedenen Kamerawinkeln darstellen. Für die Anpassung der Filmsequenzen wurde die räumlich-zeitliche Transformation in eine zeitliche lineare und eine räumliche affine Transformation aufgeteilt. Caspi *et al.* zeigten, dass die räumlich-zeitliche Registrierung eine 3D-Registrierung korrespondierender Zeitpunkte ist. Lorenzo-Valdes *et al.* führten eine atlasbasierte Segmentierung und Bewegungsfeldschätzung von kardiologischen MR-Sequenzen durch [LSMR02]. Für die Bewegungsfeldschätzung wurden alle Zeitpunkte innerhalb der Sequenzen in die Geometrie eines Referenzzeitpunktes transformiert. Anschließend bestimmten Lorenzo-Valdes *et al.* die räumliche Transformation zwischen beiden Sequenzen zum Referenzzeitpunkt, mit deren Hilfe die atlasbasierte Segmentierung zu diesem Zeitpunkt erfolgte. Schließlich wurden die Bewegungstransformationen dazu benutzt, um die berechnete Segmentierung auf die übrigen Zeitpunkte zu übertragen.

So entstand eine Kopplung der räumlichen und zeitlichen Transformationen. Dennoch ist bei diesem Ansatz nicht gewährleistet, dass dieselben korrespondierenden Zeitpunkte abgebildet werden, da keine zeitliche Angleichung der Bildsequenzen erfolgte. Dieses Problem lösten Perperidis *et al.*, indem eine zeitliche Anpassung von kardiologischen MR-Sequenzen durch eine 1D-B-Spline Transformation durchgeführt wurde, um eventuelle Längenunterschiede der Herzzyklen zu korrigieren [Per05, PMR05]. Darüber hinaus korrigiert eine 3D-B-Spline Transformation morphologische Unterschiede. Leider werden bei dieser Methode alle räumlichen Transformationen unabhängig voneinander berechnet, wodurch eine nötige Abhängigkeit nicht gegeben ist. Durrleman *et al.* verglichen das Schädelwachstum von Schimpansen und Bonobos durch zeitliche Regression und räumlich-zeitliche Registrierung, wobei Wachstumsfunktionen der einzelnen Individuen miteinander verglichen wurden [DPT$^+$09]. Die Wachstumsfunktion beschreibt hierbei die Bahnkurve oder Trajektorie der Bildpunkte über die Zeit. Für den Vergleich der Spezies wurde eine räumliche Transformation benutzt, um die Trajektorien aufeinander abzubilden und zu garantieren, dass korrespondierende Bildpunkte über die Zeit abgebildet werden. Darüber hinaus fasste Durrleman sowohl die zeitliche als auch die räumliche Transformation in einem Energiefunktional zusammen.

In der vorliegenden Arbeit wird der Ansatz der räumlich-zeitlichen Registrierung von Peyrat *et al.* für die atlasbasierte Segmentierung von kardiologischen cine-MR-Sequenzen [PDS$^+$08, Pey09, PDS$^+$10] benutzt. In seiner Arbeit zeigten Peyrat *et al.*, dass die 4D-Registrierung als eine Multichannel-3D-Registrierung für den Vergleich von kardiologischen Bildsequenzen umformuliert werden kann. Dabei wird die räumlich-zeitliche Transformation ψ in ihre Komponenten zerlegt, was bedeutet, dass ψ als Kombination zweier Transformationen angesehen werden kann, einer räumlichen Transformation ψ_{space} und einer zeitlichen Transformation ψ_{time}. Aus dieser Sichtweise lässt sich ψ als Kombination wie folgt ausdrücken:

$$\psi(\boldsymbol{x}, t) = (\psi_{space}(\boldsymbol{x}, t), \psi_{time}(\boldsymbol{x}, t)).$$

Wie bei Perperidis *et al.* korrigiert ψ_{time} zeitliche Fehlstellungen zwischen den Sequenzen, wohingegen ψ_{space} die Trajektorien korrespondierender Bildpunkte aufeinander abbildet (vgl. Durrleman *et al.*). Des Weiteren werden die Trajektorien dazu genutzt, die 4D-Registrierung einzuschränken und zu optimieren.
Im weiteren Verlauf des Kapitels wird der Ansatz von Peyrat *et al.* weiterverfolgt und vorgestellt, wobei Notation und Abbildungsstil größtenteils übernommen werden.

5.1 Zeitliche Transformation

Die Grundidee der zeitlichen Transformation ψ_{time} ist es, dieselben Ereignisse, die zum Zeitpunkt t an der Position $\boldsymbol{x}$ der Referenz-Sequenz auftreten, auf ähnliche Ereignisse zum korrespondierenden Zeitpunkt t' in der Targetsequenz abzubilden und dadurch eine zeitliche Angleichung beider Bildsequenzen zu erreichen. ψ_{time} wird wie folgt definiert:

$$\psi_{time} : \Omega \times \tau_R \to \tau_T$$
$$(\boldsymbol{x}, t) \mapsto \psi_{time}(\boldsymbol{x}, t) = t'.$$

Im Fall von kardiologischen Bildsequenzen beschreiben korrespondierende Zeitpunkte dasselbe Ereignis, wie beispielsweise die endsystolische oder enddiastolische Phase des Herzzyklus. Dadurch wird ψ_{time} abhängig von der Wahl des physiologischen Parameters. Eine Darstellung verschiedener physiologischer Parameter ist in Abbildung 5.2 gegeben. Das bedeutet, dass durch ψ_{time} eine zeitliche Angleichung beider Sequenzen anhand von globalen physiologischen Parametern erfolgt. Da die physiologischen Parameter immer dieselben für jede Position $\boldsymbol{x}$ zum Zeitpunkt t sind, wird aus ψ_{time} nur noch eine Funktion der Zeit:

$$\psi_{time} : \Omega \times \tau_R \to \tau_T$$
$$t \mapsto \psi_{time}(t) = t'.$$

Dadurch ist Berechnung von ψ_{time} nur noch abhängig von der Zeit und der Wahl des globalen physiologischen Parameters. Im Vergleich zu ψ_{space} ist ψ_{time} durch keine intensitätsbasierte Registrierung bestimmt, sondern anhand von Daten und Signalen (vgl. Abbildung 5.2), die als globale physiologische Parameter gewählt wurden. Daher kann die zeitliche Angleichung beider Sequenzen vor der Bestimmung von ψ_{space} erfolgen [PDS$^+$10].

5.2 Räumliche Transformation

Die räumliche Transformation ψ_{space} bildet den Bildpunkt $\boldsymbol{x}$ zu einem bestimmten Zeitpunkt t auf den korrespondierenden Bildpunkt $\boldsymbol{x}'$ in der Targetsequenz ab. Sie wird definiert durch:

$$\psi_{space} : \Omega_R \times \tau_R \to \Omega_T$$
$$(\boldsymbol{x}, t) \mapsto \psi_{space}(\boldsymbol{x}, t) = \boldsymbol{x}'.$$

Weiterhin soll garantiert werden, dass zu jedem Zeitpunkt t dieselben Bildpunktpaare in beiden Sequenzen aufeinander abgebildet werden, wie in Abbildung 5.3 dargestellt wird. Dazu wird die Position X eines Bildpunktes über die Zeit als eine Bahnkurve ϕ_X, auch Trajektorie genannt, definiert als:

$$\phi_X : \tau \to \Omega$$
$$t \mapsto \phi_X(t) = \boldsymbol{x}.$$

Gesucht ist nun eine Transformation ψ_{space}, welche die Trajektorie ϕ_{X_R} der Punktposition X auf die korrespondierende Trajektorie ϕ_{X_T} der Position X' der Targetsequenz abbildet:

$$\psi_{space}(\phi_{X_R}(\cdot), \cdot) = \phi_{X_T}(\cdot). \tag{5.1}$$

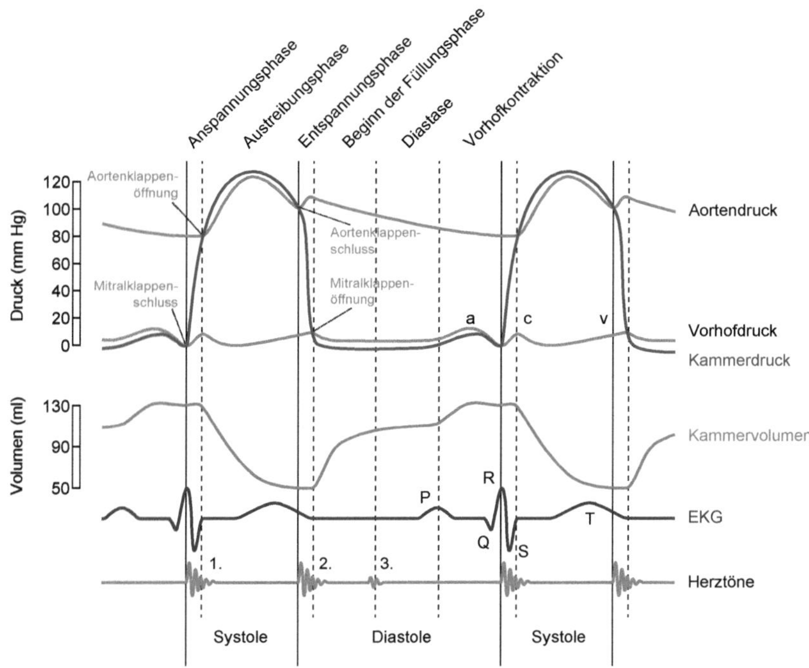

Abbildung 5.2: Darstellung des Wiggers Diagramms. Das Diagramm beschreibt mehrere physiologische Stadien des Herzzyklus. (Quelle: http://de.wikipedia.org/wiki/Carl_J._Wiggers).

Durch diese neue Formulierung der räumlichen Registrierung fällt deutlich auf, dass das Abbilden von Trajektorien unabhängig vom Angleichen korrespondierender Zeitpunkte ist (vgl. Kapitel 5.1). Natürlich hat die zeitliche Transformation keinen Einfluss auf die (anatomische) Position eines Bildpunktes, jedoch kann sie dessen Geschwindigkeit entlang der Trajektorie beeinflussen, was bedeutet, dass sich lediglich der physiologische Status in der Bildsequenz verändert. Das Abbilden von Trajektorien zwischen zwei Bildsequenzen wird in Abbildung 5.3 illustriert. Hierbei ist zu beachten, dass eine zeitliche Anpassung der Bildsequenzen bereits erfolgte bzw. angenommen wird. Folgend besteht nun die Möglichkeit, die 4D-Registrierung durch Trajektorien einzuschränken. Dies wird im nächsten Abschnitt näher betrachtet [PDS$^+$10].

5.3 Beschränkung der Registrierung durch Trajektorien

Die zeitliche Diskretisierung der räumlichen 4D-Registrierung ist in Abbildung 5.4 illustriert. Durch die Entkopplung von ψ_{space} und ψ_{time} beschreibt ψ_j nur noch die räumliche Intersequenztransformation und bildet nun R_j zum Zeitpunkt t_j auf T_j ab, was bedeutet, dass $\psi_j = \psi_{j_{space}}$ gilt. $\varphi_{R_{j,k}}$ und $\varphi_{T_{j,k}}$ beschreiben die Transformationen zwischen den

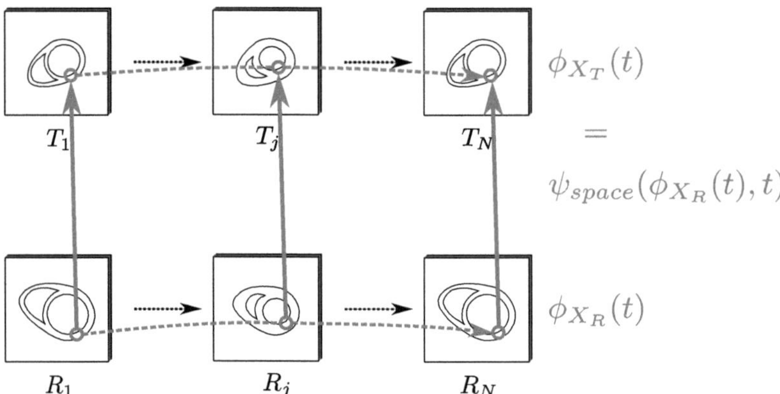

Abbildung 5.3: Abbilden von Trajektorien zweier Bildsequenzen: Die räumliche Transformation ψ_{space} bildet korrespondierende Bildpunkte X und X' der gleichen Trajektorie, hier ϕ_{X_R} und ϕ_{X_T}, zu verschiedenen Zeitpunkten aufeinander ab.

Zeitpunkten innerhalb einer Bildsequenz. Durch sie wird ein Bild zum Zeitpunkt t_k in die Geometrie des Bildes zum Referenzzeitpunkt t_j transformiert. Weiterhin werden die Bewegungstransformationen ab sofort als gegeben angesehen. In einer diskreten Betrachtung ist (5.1) dem zufolge dasselbe, als wenn man von einem Bildpunkt $\boldsymbol{x}$ aus R_j den Bildpunkt $\boldsymbol{x}'$ aus T_j durch ψ_j abbildet. Aus dieser Beziehung geht hervor, dass die verbleibende Formtransformation ψ_k die verschobene Punktposition $\varphi_{R_{j,k}}(\boldsymbol{x})$ auf die ebenfalls verschobene Position $\varphi_{T_{j,k}}(\boldsymbol{x})$ abbildet. Die aus dieser Beziehung entstehenden Beschränkungen werden als *Trajektorienbeschränkungen* (TB) bezeichnet (vgl. Abbildung 5.5). Aus den TB leitet sich die Beziehung

$$\psi_k \circ \varphi_{R_{j,k}} = \varphi_{T_{j,k}} \circ \psi_j \tag{5.2}$$

ab und koppelt ψ_j bzw. ψ_k mit den $\varphi_{R_{j,k}}$ bzw. $\varphi_{T_{j,k}}$. Auf Grundlage der Beziehung 5.2 ist es nun möglich, durch die Bestimmung von ψ_j zum Referenzzeitpunkt t_j alle übrigen Transformationen ψ_k an den Zeitpunkten t_k zu rekonstruieren. Im Anschluss wird gezeigt, dass das 4D-Registrierungsproblem unter Ausnutzung der TB zu einer Multichannel-3D-Registrierung umformuliert werden kann [PDS$^+$10].

5.4 Multichannel-3D-Registrierung

Die im vorherigen Abschnitt 5.3 vorgestellten TB werden nun genutzt, um die räumliche Intersequenzregistrierung optimieren zu können.

Wie in Kapitel 4 bereits vorgestellt, ist der Standardansatz für die Berechnung von ψ_j über das Distanzmaß

$$\mathcal{D}^{3D}[R_j, T_j; \psi_j^{3D}] := \int_{\Omega_j} (T_j \circ \psi(\boldsymbol{x}) - R_j(\boldsymbol{x}))^2 \, d\boldsymbol{x} \overset{\psi}{\to} \min \tag{5.3}$$

gegeben (vgl. Abschnitt 4.1.1). Ergebnis der 3D-Registrierung ist die Transformation ψ_j^{3D}, die T_j auf R_j abbildet.

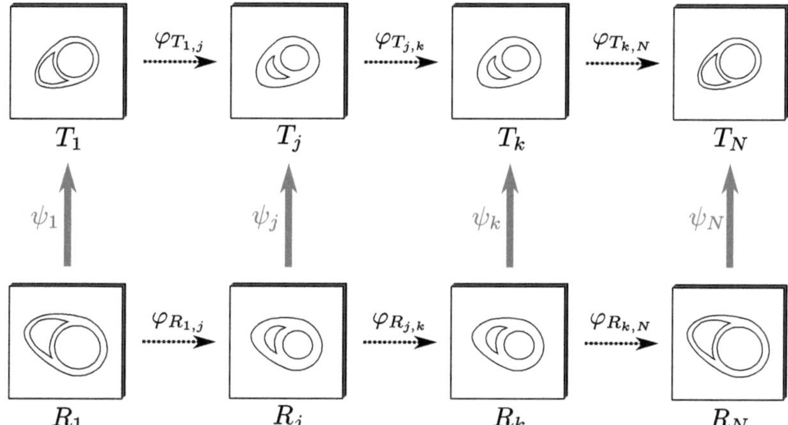

Abbildung 5.4: Zeitliche Diskretisierung der 4D-Registrierung. ψ_j beschreibt die Intersequenztransformation zum Zeitpunkt t_j und $\varphi_{R_{j,k}}$ bzw. $\varphi_{T_{j,k}}$ beschreiben die Intrasequenztransformation zwischen den Zeitpunkten t_j und t_k.

Da nun komplette Bildsequenzen aufeinander abgebildet werden, ist es sinnvoll alle Bildpaare der Sequenzen (R_j, T_j) in die Minimierung einfließen zu lassen:

$$\mathcal{D}^{4D}[R_k, T_k; \psi_1^{4D}, \ldots, \psi_N^{4D}] := \sum_{k=1}^{N} \int_{\Omega_k} (T_k \circ \psi_k(\boldsymbol{x}) - R_k(\boldsymbol{x}))^2 \, d\boldsymbol{x} \xrightarrow{(\psi_1, \ldots, \psi_N)} \min. \quad (5.4)$$

Aufgrund der Tatsache, dass jede Transformation ψ_j^{4D} unabhängig voneinander berechnet wird, kann nicht garantiert werden, dass dieselben Bildpunkte über die Zeit aufeinander abgebildet werden. Um dieses dennoch gewährleisten zu können, müssen die TB (5.2) erfüllt werden, wodurch eine Kopplung zwischen allen ψ_j^{4D} entsteht und diese nicht mehr unabhängig voneinander betrachtet werden können. Durch eine Umformulierung von (5.2) lassen sich die TB durch $\varphi_{T_{j,k}} \circ \psi_j^{4D} \circ \varphi_{R_{j,k}}^{-1}$ beschreiben. Die Bewegungstransformationen $\varphi_{R_{j,k}}$ und $\varphi_{T_{j,k}}$ werden iterativ berechnet, wobei die Registrierung zwischen Zeitpunkt t_j und t_k jeweils mit der vorherigen Transformation $\varphi_{R_{j,k-1}}$ bzw. $\varphi_{R_{j,k-1}}$ initialisiert wird. Da die Bewegungstransformationen unabhängig von einander berechnet werden, können diese vorab bestimmt und anschließend dazu benutzt werden, um die Intersequenzregistrierung zu optimieren. Durch die Integration der TB in den Optimierungsprozess sinkt zudem die Anzahl der zu bestimmenden Variablen deutlich im Vergleich zu (5.4), da nun nur noch ψ_j zum Referenzzeitpunkt t_j berechnet werden muss:

$$\mathcal{D}^{4D}[R_j, T_j; \psi_j^{4D}] := \int_{\Omega_j} (T_j \circ \psi(\boldsymbol{x}) - R_j(\boldsymbol{x}))^2 \, d\boldsymbol{x} +$$
$$\sum_{k \neq j}^{N} \int_{\Omega_k} (T_k \circ \varphi_{T_{j,k}} \circ \psi \circ \varphi_{R_{j,k}}^{-1}(\boldsymbol{x}) - R_k(\boldsymbol{x}))^2 \, d\boldsymbol{x} \xrightarrow{\psi} \min. \quad (5.5)$$

Alle weiteren Transformationen ψ_k^{4D} lassen sich durch ψ_j^{4D} parametrisieren und werden über $\psi_k^{4D} = \varphi_{T_{j,k}} \circ \psi_j^{4D} \circ \varphi_{R_{j,k}}^{-1}$ ermittelt.

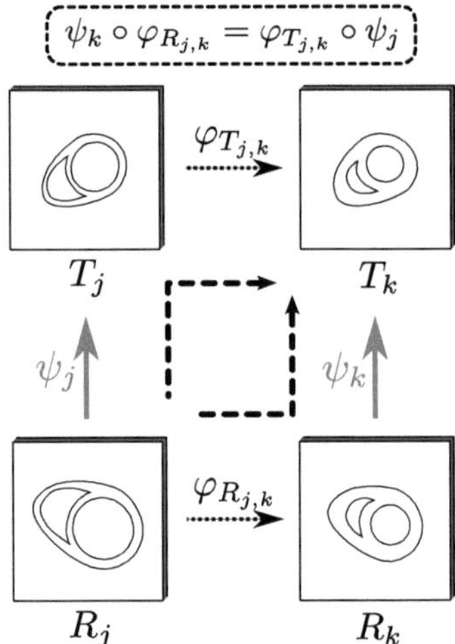

Abbildung 5.5: Gleichzeitige Registrierung zweier Bildpaare unter Berücksichtigung der Trajektorien (gestrichelte Pfeile). Da die Bewegungstransformationen $\varphi_{R_{j,k}}$ und $\varphi_{T_{j,k}}$ bekannt sind, ist es möglich ψ_j und ψ_k durch eine Registrierung zu bestimmen. Wenn ψ_j den Bildpunkt x in R_j auf x' in T_j abbildet, dann sollte ψ_k den durch $\varphi_{R_{j,k}}(x)$ verschobenen Punkt auf den ebenfalls verschobenen Punkt $\varphi_{T_{j,k}}(x')$ abbilden. Durch Ausnutzen der TB $\varphi_{T_{j,k}} \circ \psi_j \circ \varphi_{R_{j,k}}^{-1}$ können nachträglich alle übrigen ψ_k über $\psi_k = \varphi_{T_{j,k}} \circ \psi_j \circ \varphi_{R_{j,k}}^{-1}$ berechnet werden.

Durch einen Variablentausch $x = \varphi_{j,k}(\hat{x})$ in jedem Term von $\mathcal{D}^{4D}$ kann die Intersequenzregistrierung als gleichzeitiges Abbilden mehrerer Bildpaare verstanden werden:

$$\mathcal{D}^{4D}[R_j, T_j; \psi_j^{4D}] := \int_{\Omega_j} (T_j \circ \psi(x) - R_j(x))^2 +$$
$$\sum_{k \neq j}^{N} \int_{\hat{\Omega}_k} (J_{T_{j,k}} \circ \psi(\hat{x}) - J_{R_{j,k}}(\hat{x}))^2 \, | \operatorname{Jac}(\varphi_{R_{j,k}})(\hat{x})| \, d\hat{x} \overset{\psi}{\to} \min . \tag{5.6}$$

Hierbei sind $J_{R_{j,k}} = R_k \circ \varphi_{R_{j,k}}$ und $J_{T_{j,k}} = T_k \circ \varphi_{T_{j,k}}$ die Bilder zum Zeitpunkt t_k, die in die Geometrie des Bildes zum Referenzzeitpunkt t_j transformiert wurden. $\hat{\Omega}_j$ beschreibt die Bilddomäne der auf den Referenzzeitpunkt transformierten Bildpaare $J_{R_{j,k}}$ und $J_{T_{j,k}}$ mit $\hat{\Omega}_k \subseteq \Omega_j$. Durch $\operatorname{Jac}(\varphi_{R_{j,k}})$, abgeleitet aus dem Variablentausch, wird die Volumenänderung berücksichtigt, um die Äquivalenz von $\mathcal{D}^{4D}$ im originalen und transformierten Raum zu erhalten. Wird zusätzlich $\hat{\Omega}_k = \Omega_j = \Omega$ angenommen vereinfacht sich (5.6) zu

$$\mathcal{D}^{4D}[R_{j,k}, T_{j,k}; \psi_j^{4D}] :=$$
$$\frac{1}{2} \left(\int_{\Omega} \sum_{k=1}^{N} \alpha_k (T_{j,k} \circ \psi(x) - R_{j,k}(x))^2 \right) dx \overset{\psi}{\to} \min \tag{5.7}$$

mit $R_{j,k} = R_k \circ \varphi_{R_{j,k}}$ und $T_{j,k} = T_k \circ \varphi_{T_{j,k}}$. $\alpha_k < 0$ beschreibt den zuvor erwähnten Einbezug der Volumenänderung, was einer voxelweisen Gewichtung mit $| \operatorname{Jac}(\varphi_{R_{j,k}})(x)|$

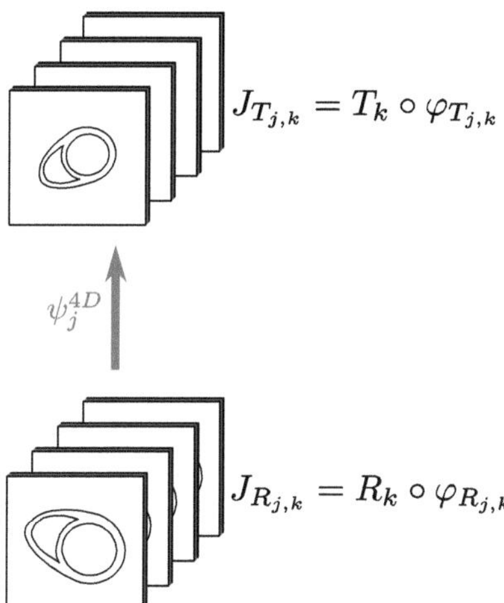

Abbildung 5.6: Parametrisierung der 4D-Registrierung durch eine Multichannel-3D-Registrierung. Mithilfe der TB kann die 4D-Registrierung mit einer einzelnen Transformation ψ_j^{4D} parametrisiert werden und dadurch als Multichannel-3D-Registrierung formuliert werden. Hierzu werden alle Bilder R_k und T_k in die Geometrie der Referenzbilder R_j und T_j transformiert (J_{R_k} und J_{T_k}). Alle übrigen ψ_k^{4D} können anschließend durch ψ_j^{4D} unter Beachtung der TB $\psi_k^{4D} = \varphi_{T_{j,k}} \circ \psi_j^{4D} \circ \varphi_{R_{j,k}}^{-1}$ rekonstruiert werden.

zum Zeitpunkt t_j entspricht. Für den Fall $k = j$ gilt zusätzlich $R_{j,j} = R_j$ bzw. $T_{j,j} = T_j$ und $\alpha_j = 1$. N entspricht der Anzahl der Gesamtzeitpunkte. Die Ableitung von (5.7) führt schließlich zu folgendem Kraftterm:

$$\boldsymbol{f}^{4D} = \sum_{k=1}^{N} \alpha_k (T_{j,k} \circ \psi(\boldsymbol{x}) - R_{j,k}(\boldsymbol{x})) \nabla T_{j,k} \circ \psi(\boldsymbol{x}). \tag{5.8}$$

Bei der Betrachtung von (5.8) fällt auf, dass große Ähnlichkeit zum SSD-Kraftterm (4.7) besteht. In dieser Arbeit wird anstelle von (5.8) der von Peyrat *et al.* vorgestellte Kraftterm, basierend auf der dämonenbasierten diffeomorphen 3D-Registrierung, verwendet [VPPA07]. Diese Methode wurde durch Yeo *et al.* auf vektorwertige Bilder erweitert, wobei die Kopplung der einzelnen Zeitpunkte erhalten bleibt [YVF$^+$09]. Diesen Ansatz adaptierten Peyrat *et al.* Es wurde ein zusätzlicher Gewichtungsfakor α_j eingeführt, der die Volumenänderung beachtet, wenn R_k bzw. T_k zu $J_{R_{j,k}}$ bzw. $J_{T_{j,k}}$ transformiert werden:

$$\boldsymbol{f}^{4D_{symm}} = \sum_{i=1}^{3} \frac{\left(\sum_{j=1}^{N} \alpha_j (T_j \circ \psi(\boldsymbol{x}) - R_j(\boldsymbol{x})) \, \boldsymbol{G}_j^T \right)}{\lambda_i^2 + \frac{\sigma^2}{\gamma}} \, \boldsymbol{e}_i^2. \tag{5.9}$$

Hier beschreibt $\boldsymbol{G}$ den Bildgradienten, wobei zwischen einer aktiven, passiven oder symmetrischen Kraftberechnung (vgl. Abschnitt 4.1.1) gewählt werden kann. Die eigentliche Kopplung der Zeitpunkte geschieht durch die Eigenwertzerlegung $\sum_{i=1}^{3} \lambda_i^2 \boldsymbol{e}_i \boldsymbol{e}_i^T$

der symmetrischen positiven 3×3–Matrix $M = \sum_{j=1}^{N} \alpha_j \boldsymbol{G}_j \boldsymbol{G}_j^T$ [PDS$^+$10]. Des Weiteren beschreibt $\sigma^2 = \sum_{j=1}^{N} \alpha_j \sigma_j^2$ das lokale Rauschen mit $\sigma_j(\boldsymbol{x}) = |T_j \circ \psi(\boldsymbol{x}) - R_j(\boldsymbol{x})|$ und γ das mittlere quadrierte Voxelspacing, das die maximale Schrittlänge pro Update auf $\|\boldsymbol{u}\| \leqslant \gamma\sqrt{d}/2$ begrenzt [Pey09].

Das vorgestellte Framework kann wie folgt zusammengefasst werden:

Algorithmus 3 Räumlich-zeitliche 4D-Registrierung

---

[1] Zeitliche Anpassung durch globale physiologische Parameter.

[2] Berechnung der Bewegungstransformationen $\varphi_{R_{j,k}}$ und $\varphi_{T_{j,k}}$, die jeden Zeitpunkt t_k auf den Referenzzeitpunkt t_j abbilden.

[3] Resampling von $\varphi_{T_{j,k}}$ und Targetsequenz T durch bewegungsbasierte Interpolation.

[4] Transformation aller Zeitpunkte in R und T auf den Referenzzeitpunkt t_j durch $\varphi_{R_{j,k}}$ und $\varphi_{T_{j,k}}$.

[5] Berechnung von ψ_j^{4D} durch Multichannel-3D-Registrierung.

[6] Berechnung der verbliebenen Transformationen ψ_k^{4D} unter Beachtung der Trajektorienbeschränkungen: $\psi_k^{4D} = \varphi_{T_{j,k}} \circ \psi_j^{4D} \circ \varphi_{R_{j,k}}^{-1}$.

Kapitel 6

Atlasbasierte Segmentierung

Die Segmentierung spielt eine bedeutende Rolle in der medizinischen Bildverarbeitung. Sie unterstützt den Mediziner bei alltäglichen Diagnosen und Therapieplanungen, bspw. bei der Analyse von Bilddaten oder Vermessung von Strukturen, wie Organen oder Tumoren. Da die Qualität der Bilddaten je nach Modalität sehr variieren kann, erfordert es ein hohes Maß an Konzentration und Erfahrung bei der Durchführung einer manuellen Segmentierung. Zudem können Rauschen und Artefakte, z.B. Bewegungsartefakte (vgl. Kapitel 3.1 und 3.2) die Segmentierung erschweren. Daher ist die Entwicklung der Segmentierungsverfahren für den klinischen Bedarf von großer Bedeutung.

Das erwünschte Ziel einer Segmentierung ist die Abgrenzung bestimmter inhaltlich zusammenhängender, diagnostisch oder therapeutisch relevanter Bildobjekte, wie Gewebe, Tumore, Organe, Gefäßsysteme etc. [Han09]. Das bedeutet, dass für jeden Bildpunkt entschieden werden muss, ob dieser zum Objekt oder Hintergrund gehört. Das Ergebnis der Segmentierung ist ein Binärbild $B(\boldsymbol{x}) \in \{0, 1\}$, wobei das segmentierte Objekt den Wert 1 und der Hintergrund den Wert 0 zugewiesen bekommt. Darüber hinaus können Segmentierungen verschiedener Strukturen in einem Labelbild $L(\boldsymbol{x}) \in \{0, 1, 2, \ldots, N\}$ zusammengefasst werden. Anders als beim Binärbild sind beim Labelbild mehrere Objekte bestimmten Labelwerten zugeordnet (z.B. Hintergrund = 0, Endokard = 1, Epikard = 2, RV = 3). Die Segmentierungsverfahren unterscheiden sich in manuelle, halb- und voll-automatische Verfahren. Eine Übersicht geläufiger Segmentierungsverfahren ist in [Han09, Jäh12] gegeben. In der vorliegenden Arbeit wird die atlasbasierte Segmentierung mittels räumlich-zeitlicher Registrierung verwendet, um kardiologische cine-MR-Sequenzen zu segmentieren.

Die atlasbasierte Segmentierung von kardiologischen Strukturen mittels räumlich-zeitlicher Registrierung wurde in mehreren Arbeiten veröffentlicht [LSMR02, RLC$^+$02, RSC$^+$03, PLC$^+$04, PDS$^+$10]. Im weiteren Verlauf des Kapitels wird die Methodik der atlasbasierten Segmentierung erläutert, worauf anschließend die erweiterte Multi-Atlassegmentierung vorgestellt wird.

6.1 Grundlagen der atlasbasierten Segmentierung

Bei der atlasbasierten Segmentierung wird mit mithilfe parametrischer und nicht-linearer Registrierung versucht, einen Atlas-Bilddatensatz $A(\boldsymbol{x})$ auf einen ungesehenen Bildda-

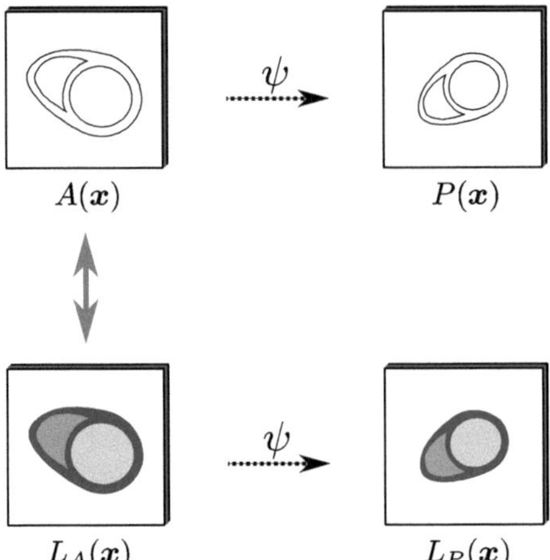

Abbildung 6.1: Schema der Single-Atlassegmentierung. Zunächst wird der Atlas $A(\boldsymbol{x})$ auf den ungesehen Patientendatensatz $P(\boldsymbol{x})$ registriert. Ergebnis der Registrierung ist die Transformation ψ, die nun dazu benutzt werden kann, das Labelbild $L_A(\boldsymbol{x})$ auf $P(\boldsymbol{x})$ zu übertragen.

tensatz $P(\boldsymbol{x})$ anzupassen (vgl. Abbildung 6.1). Die aus der Registrierung resultierende Transformation ψ bildet $A(\boldsymbol{x})$ auf $P(\boldsymbol{x})$ ab, sodass $A \circ \psi(\boldsymbol{x})$ ähnlich $P(\boldsymbol{x})$ ist. Hierdurch werden korrespondierende Strukturen beider Bilddatensätze aufeinander abgebildet [Han09]. Anschließend wird ϕ auch auf das zu $A(\boldsymbol{x})$ gehörige Labelbild $L_A(\boldsymbol{x})$ angewendet, welches zuvor bspw. durch eine manuelle Segmentierung erstellt wurde. Schließlich wird $L_A \circ \psi(\boldsymbol{x})$ auf $P(\boldsymbol{x})$ übertragen, wodurch man $L_P(\boldsymbol{x})$ erhält (vgl. Abbildung 6.1). Mit der atlasbasierten Segmentierung ist es demnach möglich, das anatomische *a priori* Wissen über Lage und objektbezogene Grauwertverteilung des Atlanten zu nutzen, um einen ungesehenen Patientendatensatz zu segmentieren. Daher ist die Güte und Genauigkeit des Verfahrens stark abhängig von der Ähnlichkeit zwischen Atlas- und Patientendatensatz [Han09]. Eine Erweiterung dieses Verfahrens bietet die Multi-Atlassegmentierung, welche im nächsten Abschnitt beschrieben wird.

6.2 Multi-Atlassegmentierung

Im Vergleich zur Single-Atlassegmentierung wird bei der Multi-Atlassegmentierung das *a priori* Wissen mehrerer Atlanten für die Segmentierung verwendet, um die Güte und Genauigkeit des Verfahrens zu optimieren. Hierzu werden für den zu segmentierenden Patientendatensatz geeignete Atlanten aus einem Atlaspool ausgewählt, wobei verschiedene Auswahlstrategien verwendet werden können. Für eine Übersicht verschiedener Auswahlstrategien siehe [AHH+09].

Das Prinzip der Multi-Atlassegmentierung ist in Abbildung 6.2 dargestellt. In einem ersten Schritt werden die bereits ausgewählten Atlanten $A_i(\boldsymbol{x})$ mit $i = 1, \ldots, N$ auf

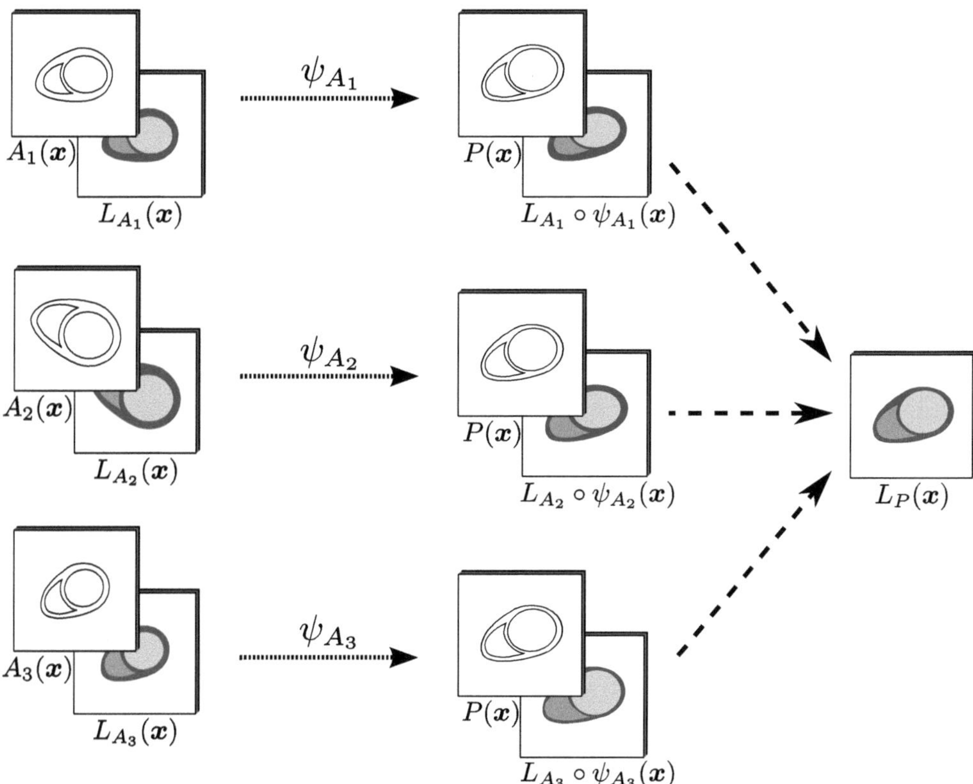

Abbildung 6.2: Schema der Multi-Atlassegmentierung. Nachdem eine Auswahl von Atlanten $A_i(\boldsymbol{x})$ aus einem Atlaspool selektiert wurde, werden diese auf den Patientendatensatz $P(\boldsymbol{x})$ registriert. Anschließend werden alle Labelbilder $L_{A_i}(\boldsymbol{x})$ durch ψ_{A_i} auf $P(\boldsymbol{x})$ übertragen. Die finale Segmentierung wird schließlich durch Anwendung einer Kombinationsstrategie, wie bspw. der Vote oder Sum Rule, ermittelt.

den zu segmentierenden Patientendatensatz $P(\boldsymbol{x})$ registriert. Die resultierenden Transformationen ψ_{A_i} werden anschließend dazu genutzt, die Labelbilder $L_{A_i}(\boldsymbol{x})$ auf $P(\boldsymbol{x})$ zu übertragen. Schließlich werden die transformierten Labelbilder $L_{A_i} \circ \psi_{A_i}(\boldsymbol{x})$ mithilfe einer Kombinationsstrategie zu einem Labelbild fusioniert.

6.2.1 Kombinationsstrategien

Mithilfe von Kombinationsstrategien werden die transformierten Labelbilder zu einem einzigen Labelbild fusioniert. Dabei können verschiedene Strategien benutzt werden, die das Segmentierungsergebnis individuell beeinflussen. Die am häufigsten benutzten Kombinationsstrategien sind die *Vote Rule* und die *Sum Rule* [KA03], die im Folgenden kurz vorgestellt werden.

Vote Rule: Mithilfe der Vote Rule wird die finale Segmentierung über einen Mehrheits-
entscheid bestimmt. Grundlage hierfür ist eine Nächster-Nachbar-Interpolation
bei der Transformation des Labelbildes, um zu garantieren, dass keine Zwischen-
werte auftreten. Voxelweise wird dann der Labelwert für die finale Segmentierung
übernommen, der am häufigsten in allen transformierten Labelbildern $L_{A_i} \circ \psi_{A_i}(\boldsymbol{x})$
an dieser Stelle auftritt.

Sum Rule: Grundlage für die Sum Rule ist eine lineare Interpolation des transformierten Labelbildes $L_{A_i} \circ \psi_{A_i}(\boldsymbol{x})$. Die dadurch entstehenden Gleitkommazahlen werden
für die Gewichtung der einzelnen Labelwerte verwendet. Pro Voxel werden nun
die Gewichte aller Labelbilder pro Label aufsummiert, wobei nur der Labelwert
für diese Voxelpositon in die finale Segmentierung übernommen wird, dessen
aufsummierte Gewichtung am größten ist.

Kapitel 7

Experimente und Ergebnisse

Im weiteren Verlauf dieser Arbeit wird die in Kapitel 5 vorgestellte Multichannel-3D-Registrierung evaluiert. Dabei wird das Verfahren mit dem Ansatz der variationellen 3D-Registrierung (vgl. Kapitel 4) verglichen. Für die Evaluation werden drei verschiedene Experimente durchgeführt, um sowohl die Güte und Genauigkeit der Verfahren feststellen zu können als auch zu überprüfen, ob eine Verbesserung der Ergebnisqualität vorliegt. Hierbei werden die Verfahren anhand von Testdaten, bestehend aus synthetischen Bilddaten und Patientenbilddaten, evaluiert.

Nach einer Vorstellung der Testdaten (Abschnitt 7.1) folgt die Beschreibung der Metriken, die für die Auswertung der Ergebnisse verwendet werden (Abschnitt 7.2). Anschließend werden die Experimente erläutert und deren Ergebnisse präsentiert (7.3). Zum Schluss werden die Laufzeiten der Algorithmen vorgestellt (Abschnitt 7.4).

7.1 Testdaten

Die für die Evaluation verwendeten Testdaten sind zum einen manuell generierte synthetische Bilddaten und zum anderen cine-MR-Bilddaten verschiedener Patienten. Im weiteren Verlauf werden die Patientenbilddaten sowie die synthetischen Bilddaten vorgestellt.

7.1.1 Patientenbilddaten

Als Patientendaten wurden 10 (von insgesamt 33) kardiologische 4D-cine-MR-Bildsequenzen verwendet, die von Andreopoulus *et al.* für Forschungszwecke zur Verfügung[1] gestellt werden [AT08]. Die cine-MR-Bildsequenzen wurden mit einem GE Genesis Signa MR-Scanner unter Verwendung der FIESTA-Pulssequenz aufgenommen. Jede Bildsequenz besteht aus 20 Zeitpunkten, die einen kompletten Herzzyklus abdecken. Dabei stellen jeweils der erste und der letzte Zeitpunkt die enddiastolische Phase des Herzzyklus dar. Jedes einzelne 3D Teilbild besteht aus $256 \times 256 \times 8 - 15$ Voxeln. Das Spacing beträgt $0.93 - 1.64\,\text{mm}$ innerhalb und $6 - 13\,\text{mm}$ zwischen den Bildschichten.

---

[1] http://www.cse.yorku.ca/~mridataset/

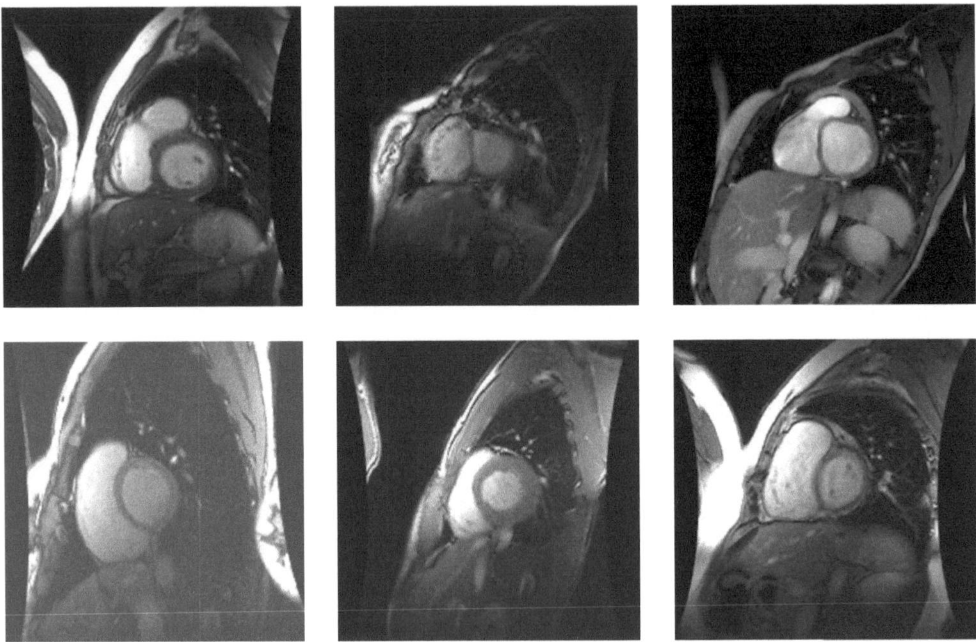

Abbildung 7.1: Darstellung verschiedener morphologischer Herzformen der cine-MR-Bildsequenzen zur enddiastolischen Phase. Die Datensätze werden zur Verfügung gestellt von Andreopoulus *et al.* [AT08].

Alle untersuchten Patienten sind unter 18 Jahre alt und weisen verschiedene Herzerkrankungen auf, wie z. B. Kardiomyopathien, Ischämien oder Hypertrophien, die sich in verschiedenen morphologischen Formen und Grauwertintensitäten in den cine-MR-Sequenzen darstellen (siehe Abbildung 7.1). Zusätzlich liegen den Bildsequenzen manuell generierte Segmentierungen vom Endo- und Epikard des LV bei. Ferner wurde im Rahmen dieser Arbeit der Blutpool des RV der ausgewählten Datensätze manuell segmentiert und anschließend zusammen mit den Segmentierungen des Endo- und Epikards zu Labelbildern kombiniert. Die Labelbilder dienen später als Goldstandard um Güte und Genauigkeit der zu evaluierenden Verfahren festzustellen. Abbildung 7.2 zeigt eine cine-MR-Aufnahme mit überlagerter Segmentierung des LV und RV. Vor der Evaluation wurden die Patienten- sowie die zugehörigen Labelbilddaten vorverarbeitet. Die einzelnen Vorverarbeitungsschritte werden im nächsten Abschnitt vorgestellt.

Datenvorverarbeitung

Das Ziel der Datenvorverarbeitung ist die Verstärkung der relevanten Bildinformationen bei gleichzeitiger Minimierung der Störungen. So kommt es zu einer Optimierung der Ergebnisse nachfolgender Verfahren. Im weiteren Verlauf werden die aufeinanderfolgenden Vorverarbeitungsschritte beschrieben und deren Verwendung erörtert.

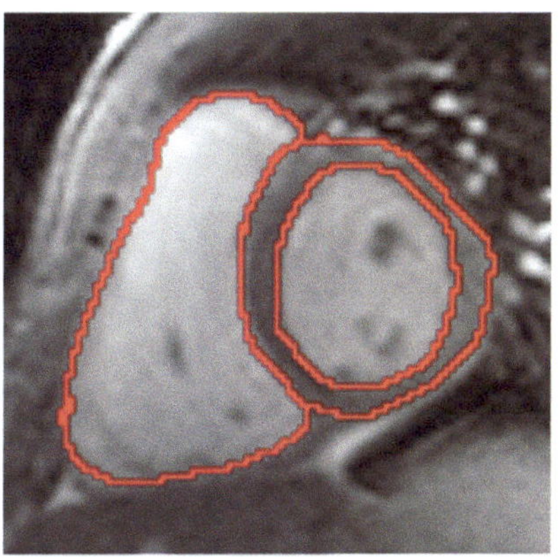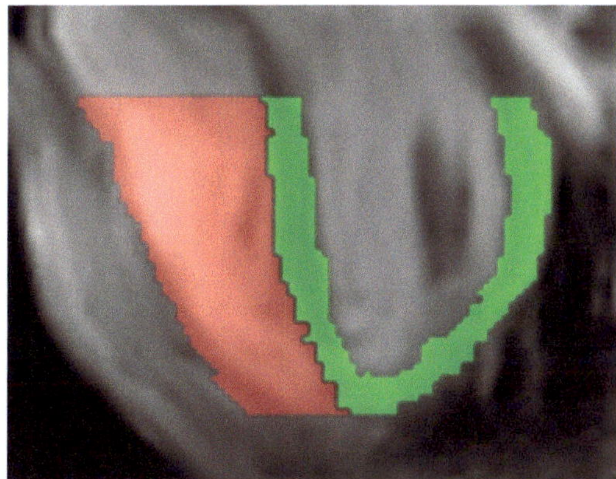

Abbildung 7.2: Darstellung einer cine-MR-Aufnahme mit überlagerter Segmentierung. (links) Kurzachsenansicht mit Darstellung der Segmentierungskonturen des LV (Endo- und Epikard) und des RV (Blutpool). (rechts) Darstellung des LV(Myokard,grün) und des RV (Blutpool,rot) in der 2-Kammeransicht.

Korrektur von Grauwertinhomogenitäten Während der Aufnahme von MR-Bilddaten kann es zu lokalen Inhomogenitäten im Magnetfeld kommen, die durch externe Störquellen hervorgerufen werden können [HBTV99]. Die Magnetfeldinhomogenitäten wirken sich in Form von Bias-Feldern aus, die das MR-Bild überlagern. Ein durch ein Bias-Feld gestörtes Bild wird in Abbildung 7.3 dargestellt. Da die lokalen Grauwertinhomogenitäten zu schlechteren Registrierungsergebnissen führen können, wird eine Korrektur der Grauwertinhomogenitäten durchgeführt. Hierbei wird eine Approximation des Bias-Feldes durch B-Splines ermittelt, die anschließend vom Originalbild subtrahiert wird [TAC$^+$10]. Eine Approximation des Bias-Feldes sowie das korrigierte MR-Bild sind ebenfalls in 7.3 illustriert.

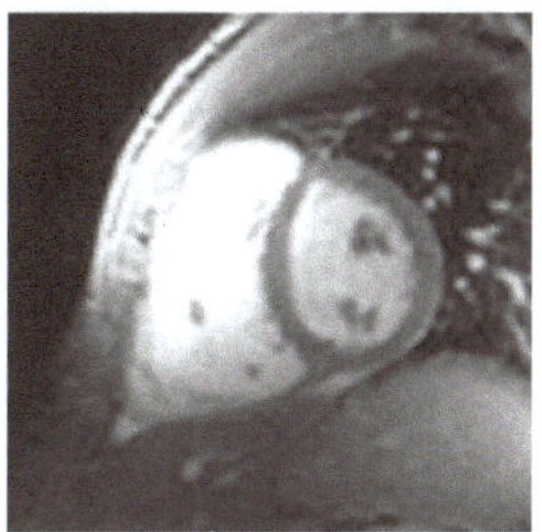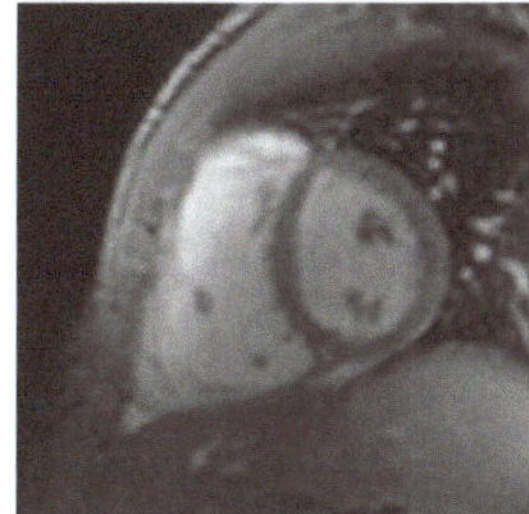

Abbildung 7.3: Darstellung eines cine-MR-Bildes des Herzens (Kurzachsenansicht), das durch Grauwertinhomogenitäten im Bereich des RV gestört ist. Dies äußert sich in einer starken Aufhellung (links). Durch die Grauwertkorrektur wird ein Bias-Feld geschätzt (Mitte), das anschließend vom MR-Bild subtrahiert wird (rechts).

Schichtinterpolation Die Schichtabstände von cine-MR-Sequenzen sind relativ groß, was den kurzen TE- und TR-Zeiten geschuldet ist (vgl. Abschnitt 3.3). Daher lässt sich der Gradient in z-Richtung durch die großen Distanzen nicht gut berechnen.

Deshalb wird eine bestimmte Anzahl von Bildschichten jeweils zwischen zwei benachbarten Bildschichten interpoliert, sodass der Schichtabstand nahezu der Pixelbreite in x- und y-Richtung entspricht. Für die Schichtinterpolation wird ein registrierungsbasiertes Verfahren benutzt, das strukturerhaltende Interpolationstechniken verwendet [ESH07]. Abbildung 7.4 zeigt ein cine-MRT-Bild vor und nach der Interpolation. Dieses Interpolationsverfahren wurde ebenfalls auf die Labelbilder angewendet, wobei die Labelwerte erhalten blieben.

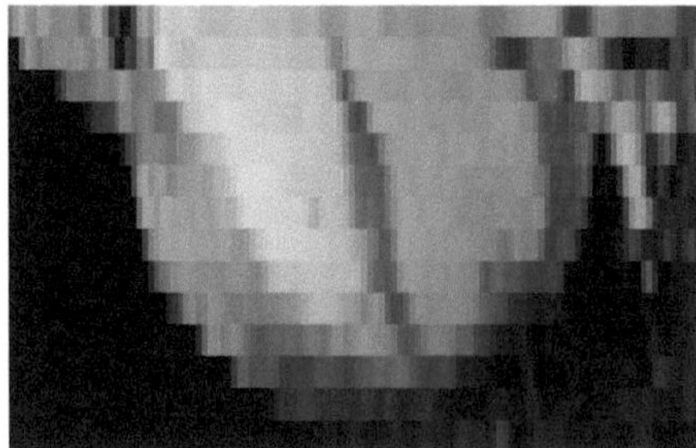 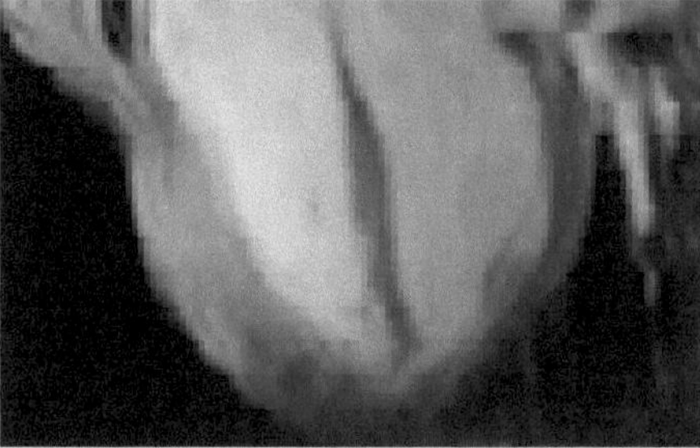

Abbildung 7.4: Zwei-Kammer Ansicht der Kurzachsenbilder vor (links) und nach (rechts) der Schichtinterpolation.

Anisotrope Glättung Durch eine Glättung der Bilddaten wird versucht, ein vorhandenes Rauschen zu minimieren. Für diesen Fall eignen sich isotrope Glättungsverfahren nicht, da diese auch über Kanten im Bild glätten. Dies ist nicht erwünscht, da die Kantenstärken im Bereich des Herzens gering sind. Durch eine isotrope Glättung könnten also Kanteninformationen verloren gehen. Daher wird für die Glättung der Bilddaten eine anisotrope Glättung, basierend auf dem inhomogenen Diffusionsmodell, verwendet [PSM94]. Hierbei wird der Diffusionsfluss in Kantenregionen reduziert, wodurch eine Glättung des Bildes mit Kantenerhaltung realisiert wird. Abbildung 7.5 zeigt ein Beispiel der anisotropen Glättung.

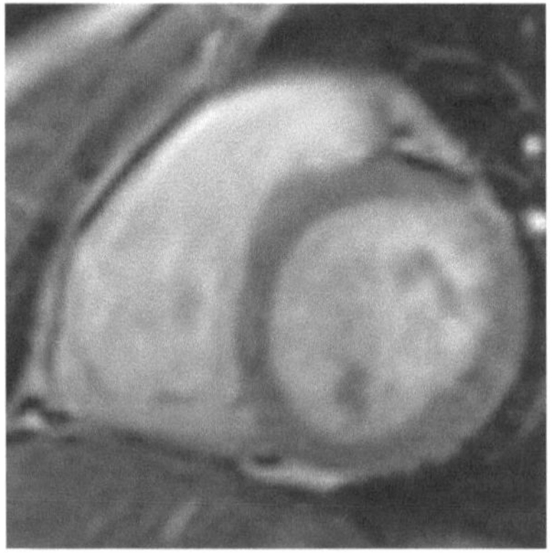 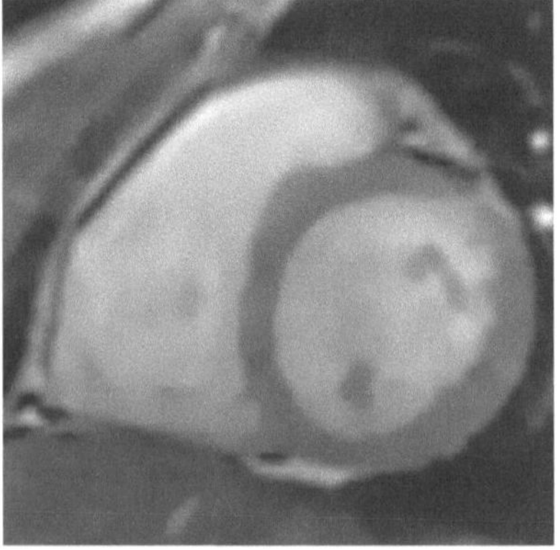

Abbildung 7.5: Darstellung eines Herzens in Kurzachsenansicht vor (links) und nach (rechts) der anisotropen Glättung, wobei die Kanten erhalten wurden.

Histogrammangleichung Da die cine-MR-Sequenzen der verschiedenen Patienten unterschiedliche Grauwertintensitäten gleicher kardiologischer Strukturen aufweisen (siehe. 7.1), kann dies zu schlechteren Registrierungsergebnissen führen. Daher wird zuvor eine Histogrammangleichung durchgeführt, damit korrespondierende morphologische Strukturen im gleichen Grauwertbereich liegen [NUZ00].

7.1.2 Synthetische Bilddaten

Die synthetischen Bildsequenzen wurden mithilfe der zu den Patientenbilddaten gehörigen Labelbildern erzeugt. Über ein Schwellwertverfahren wurden die einzelnen Labelwerte auf ähnliche Grauwertintensitäten angehoben, wie sie in den kardiologischen cine-MR-Sequenzen vorzufinden sind. Anschließend wurde eine Glättung durchgeführt, um die Gradienten an den Kanten zu verbreitern. Zum Schluss wurden die Labelbilder mit einem Gaußschen Rauschen überlagert, um natürliche Störquellen zu simulieren. Die synthetischen Labelbilder sind in Abbildung 7.6 dargestellt.

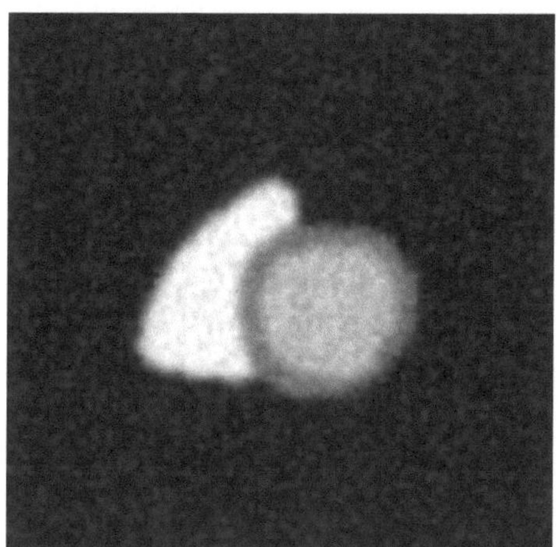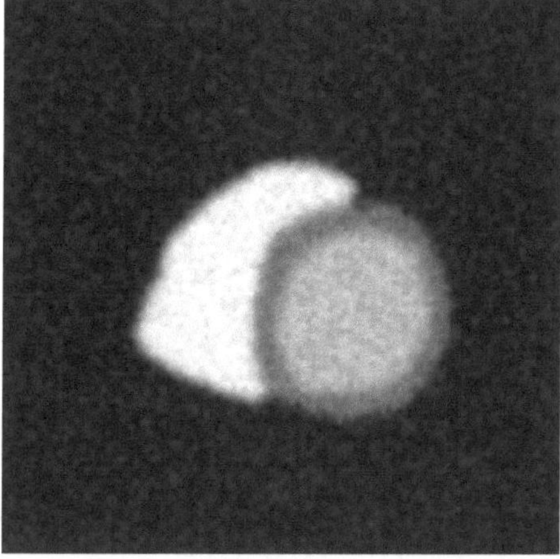

Abbildung 7.6: Darstellung der synthetischen Bilddaten (Diastole). Für die Generierung der synthetischen Testdaten wurden die Labelbilddaten der cine-MR-Sequenzen verwendet.

7.2 Metriken

Für eine objektive Auswertung der Ergebnisse von Registrierung und Atlassegmentierung werden Metriken verwendet, welche die Genauigkeit und Güte der Verfahren bestimmen sollen. Hierzu wird die transformierte Ergebnissegmentierung aus Registrierung oder Atlassegmentierung $S: \rightarrow \{0, 1\}$ mit der Goldstandardsegmentierung $G: \rightarrow \{0, 1\}$ verglichen. Im Folgenden werden zwei Metriken vorgestellt, die für die Auswertung der Ergebnisse in dieser Arbeit verwendet werden.

7.2.1 Dice-Koeffizient

Der Dice-Koeffizient ist eine häufig genutzte Metrik für die Quantifizierung von Segmentierungsergebnissen. Seien S und G Pixelmengen der betrachteten Segmentierungen, so wird der Dice-Koeffizient definiert durch:

$$\text{Dice} := \frac{2|S \cap G|}{|S| + |G|}. \tag{7.1}$$

Der Dice-Koeffizient quantifiziert die Überlappung von S und G. Je höher die Übereinstimmung der Segmentierungen, desto höher ist der Koeffizient, dessen Wert sich zwischen 0 und 1 bewegt [Han09].

7.2.2 Mittlere Oberflächendistanz

Die mittlere Oberflächendistanz eignet sich besonders für eine quantitative Beschreibung der Unterschiede zweier Segmentierungen. Seien $\boldsymbol{K} = \{\boldsymbol{p}_1, \ldots, \boldsymbol{p}_m\}$ und $\boldsymbol{L}\{\boldsymbol{q}_1, \ldots, \boldsymbol{q}_l\}$ Punktmengen der beiden betrachteten Oberflächen, dann wird die Oberflächendistanz wie folgt definiert:

$$d_\mu(\boldsymbol{K}, \boldsymbol{L}) := \frac{1}{n} \sum_{l=1}^{n} \min_{k=1,\ldots,m} \|\boldsymbol{p}_k - \boldsymbol{q}_l\|. \tag{7.2}$$

Dabei sind $\boldsymbol{p}_k$ und $\boldsymbol{q}_l$ Koordinatenvektoren des l-ten bzw. k-ten Oberflächenpunktes. Die Erweiterung zur symmetrischen Variante wird durch

$$d_{\mu_{sym}}(\boldsymbol{K}, \boldsymbol{L}) := \frac{d_\mu(\boldsymbol{K}, \boldsymbol{L}) + d_\mu(\boldsymbol{L}, \boldsymbol{K})}{2} \tag{7.3}$$

definiert [Han09].

7.3 Experimente

In diesem Abschnitt werden die für die Evaluation durchgeführten Experimente beschrieben, mit denen die Vorteile des in Kapitel 5 vorgestellten Ansatzes gezeigt werden sollen. Dazu wird der Multichannel-3D-Registrierungsansatz, der auf vektorwertigen Bilddaten basiert, mit einem variationellen Registrierungsframework [EWSH11], das mit skalarwertigen Bilddaten rechnet, verglichen.

Für die Bestimmung der Bewegungstransformationen wurde ein Zeitpunkt des Übergangs von Diastole zur Systole ($j = 5$) als Referenzzeitpunkt gewählt. Die Wahl dieser Phase als Referenzzeitpunkt ergab robustere Registrierungsergebnisse im Vergleich zu Zeitpunkten während der Diastole oder der Systole. Darüber hinaus wurden die Bewegungstransformationen mittels variationeller 3D-Registrierung bestimmt, wobei eine paarweise Registrierung aller Zeitpunkte mit dem Referenzzeitpunkt durchgeführt wurde. Dabei wurde jeweils die Transformation $\varphi_{j,k}$ mit $\varphi_{j,k-1}$ initialisiert, wodurch eine

Abhängigkeit der Bewegungstransformationen erzielt werden konnte. Des Weiteren fanden diffeomorphe Transformationen für die Berechnung der Herzbewegungen Verwendung, da Invertierbarkeit der Transformationen ein notwendiges Kriterium für die TB darstellt.

Für die Evaluation wurden insgesamt drei verschiedene Verfahren miteinander verglichen, die im Folgendem beschrieben werden.

Direkte variationelle 3D-Registrierung: Bei diesem Verfahren wird zu jedem Zeitpunkt t_k die Transformation ψ_k direkt zwischen Referenz- und Targetsequenz bestimmt. Das bedeutet, dass alle ψ_k unabhängig voneinander berechnet werden. Das Verfahren wird im weiteren Verlauf der Arbeit mit **3D-direkt** abgekürzt.

Variationelle 3D-Registrierung mit TB: Im Vergleich zu **3D-direkt** wird die Intersequenztransformation zum Referenzzeitpunkt ($j = 5$) unabhängig berechnet. Alle anderen Intersequenztransformationen werden durch $\psi_k = \varphi_{T_{j,k}} \circ \psi_j \circ \varphi_{R_{j,k}}^{-1}$ rekonstruiert, um die TB zu erfüllen. Dieses Verfahren wird folgend als **3D+TB** bezeichnet.

Multichannel-3D-Registrierung mit TB: Dieses Verfahren beschreibt die Berechnung der Intersequenztransformation durch die Multichannel-3D-Registrierung zum Referenzzeitpunkt ($j = 5$). Alle übrigen Intersequenztransformationen werden wie bei **3D+TB** durch $\psi_k = \varphi_{T_{j,k}} \circ \psi_j \circ \varphi_{R_{j,k}}^{-1}$ bestimmt. Das Verfahren wird als **3D-MC+TB** bezeichnet.

Von den oben genannten Verfahren wird bei **3D-direkt** und **3D+TB** die Registrierung jeweils auf skalarwertigen Bilddaten durchgeführt, wohingegen **3D-MC+TB** auf vektorwertigen Bilddaten ausgeführt wird. Darüber hinaus sollen durch die Experimente zwei Vorteile der Multichannel-3D-Registrierung gezeigt werden. Diese Vorteile lassen sich zum einen durch den Vergleich von **3D-direkt** mit **3D-MC+TB** und zum anderen durch den Vergleich von **3D+TB** mit **3D-MC+TB** darstellen. Der erste Vergleich hebt die Besonderheit der TB hervor während im zweiten Vergleich der Vorteil der Multichannel-3D-Registrierung zutage tritt.

Weiterhin wird in beiden Frameworks ein Multi-Level-Verfahren implementiert, um zum einen den Optimierungsprozess der Algorithmen zu beschleunigen und zum anderen eine Konvergenz in lokalen Minima zu verhindern. Dazu wird für jedes weitere Level eine Tiefpassfilterung durchgeführt und die Auflösung um die Hälfte reduziert. Die Registrierung wird anschließend auf dem Level mit der niedrigsten Auflösung (höchstes Level) initialisiert. Nach Erreichen der maximalen Iterationszahl oder Erfüllung eines Abbruchkriteriums wird die berechnete Transformation auf das nächstniedrigere Level (höhere Auflösung) übertragen. Des Weiteren wird die Effizienz beider Frameworks durch eine Parallelisierung und die Möglichkeit zur Benutzung einer Registrierungsmaske erhöht. Für die Berechnung der Transformationen werden für **3D-direkt**, **3D+TB** und **3D-MC+TB** dieselben Parametereinstellungen verwendet. Bei allen drei Verfahren wird das Multi-Level-Verfahren mit drei Leveln verwendet. Die gewählte Anzahl der Iterationen beträgt 500 für das höchste, 300 für das mittlere und 150 für das niedrigste Level. Weiterhin wird eine diffusive Regularisierung (vgl. (4.1.2)) mit einem Gewichtungsfaktor $\beta = 1.5$ gewählt. Außerdem wird eine symmetrische Kraftberechnung verwendet (vgl.

Tabelle 7.1: Ergebnisse aus Experiment 1, ausgeführt auf synthetischen Bilddaten. Die Dice-Koeffizienten sowie symmetrischen Oberflächendistanzen $d_{\mu_{sym}}$ wurden über alle Zeitpunkte und alle Patienten gemittelt.

	3D-direkt		**3D-MC+TB**		**3D+TB**	
	Dice	$d_{\mu_{sym}}$	Dice	$d_{\mu_{sym}}$	Dice	$d_{\mu_{sym}}$
Endokard	0.94	0.49 ± 0.04 mm	0.94	0.48 ± 0.08 mm	0.93	0.53 ± 0.06 mm
Epikard	0.95	0.48 ± 0.06 mm	0.96	0.44 ± 0.05 mm	0.94	0.54 ± 0.08 mm
RV	0.94	0.45 ± 0.08 mm	0.93	0.47 ± 0.13 mm	0.92	0.54 ± 0.13 mm
Mittelwert	0.94	0.47 mm	0.94	0.46 mm	0.93	0.54 mm

(4.10)). Darüber hinaus ist anzumerken, dass für die Transformation der Labelbilder ein Gaußsches Interpolationsverfahren genutzt wird, das, wie die Nächster-Nachbar-Interpolation, die Labelwerte erhält. Nachfolgend werden die verschiedenen Experimente vorgestellt. Dabei wurde zuvor eine Auswahl von äquidistanten Zeitpunkten gewählt $(t_1, t_5, t_9, t_{13}, t_{17})$, die für alle Experimente verwendet wird.

Im weiteren Verlauf werden die einzelnen Experimente und deren Ergebnisse vorgestellt. Die Experimente wurden hierbei sowohl anhand von synthetischen als auch von patientenbezogenen Bilddaten evaluiert.

7.3.1 Experiment 1: Intersequenzregistrierung

In diesem Versuch wird zu jedem gewählten Zeitpunkt t_k die Intersequenztransformation ψ_k zwischen Referenz- und Targetsequenz berechnet. Wie oben beschrieben wird bei den Verfahren **3D-MC+TB** und **3D+TB** nur zum Referenzzeitpunkt t_5 eine Registrierung durchgeführt. Alle anderen Transformationen werden durch die TB rekonstruiert. Im Gegensatz dazu werden bei **3D-direkt** alle Transformationen zwischen Referenz- und Targetsequenz direkt berechnet. Abbildung 7.7 zeigt eine schematische Darstellung des Experiments. Darüber hinaus wird jeweils innerhalb der synthetischen und patientenbezogenen Datensätze jede Bildsequenz mit allen anderen registriert. Hieraus ergeben sich 90 Intersequenzregistrierungen für **3D-MC+TB** und 450 Intersequenzregistrierungen für **3D-direkt**. Des Weiteren werden für **3D-MC+TB** und **3D+TB** die Bewegungstransformationen benötigt, wodurch zusätzlich 190 Intrasequenzregistrierungen durchgeführt werden. Um anschließend die Genauigkeit der Verfahren miteinander vergleichen zu können, wird das zum Targetbild zugehörige Labelbild L_{T_k} zum Zeitpunkt t_k mit ψ_k transformiert und mit dem Labelbild L_{R_k} durch die vorgestellten Metriken (vgl. Abschnitt 7.2) verglichen.

Die Durchführung dieses Experiments anhand von synthetischen Bilddaten zeigt, dass sowohl **3D-direkt** als auch **3D-MC+TB** gute und vergleichbare Ergebnisse erzielen. Die Ergebnisse werden in Tabelle 7.1 präsentiert. Lediglich das Verfahren **3D+TB** schnitt geringfügig schlechter ab.

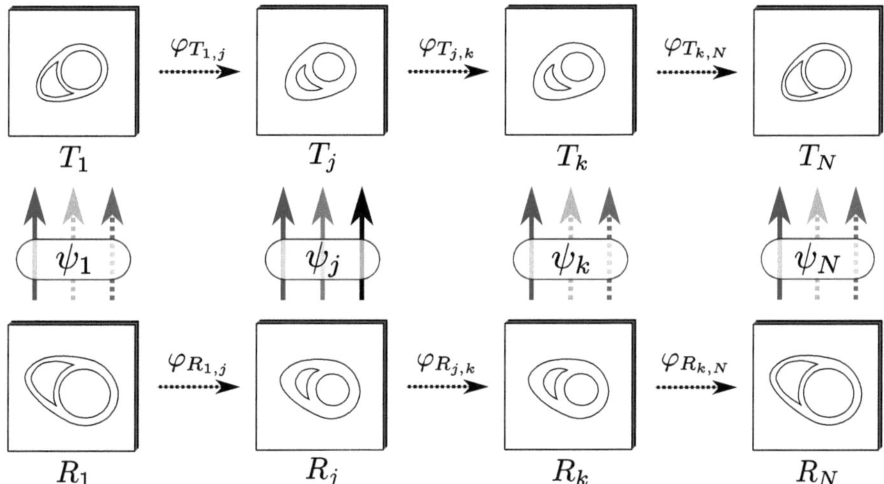

Abbildung 7.7: Schematische Darstellung der Intersequenzregistrierung. Beim **3D-direkt** Verfahren wird für alle gewählten Zeitpunkte eine 3D-Registrierung durchgeführt (blaue Pfeile). Dagegen wird bei den Verfahren **3D-MC+TB** (rote Pfeile) und **3D+TB** (schwarze Pfeile) nur zum Referenzzeitpunkt t_j eine Registrierung durchgeführt. Alle übrigen Intersequenztransformationen werden über $\psi_k = \varphi_{T_{j,k}} \circ \psi_j \circ \varphi_{R_{j,k}}^{-1}$ ermittelt (gestrichelte Pfeile). Anschließend werden Dice-Koeffizient und symmetrische Oberflächendistanz zwischen $T_k \circ \psi_k$ und R_k bestimmt.

Betrachtet man die Ergebnisse des Experiments anhand von patientenbezogenen Bilddaten, fällt auf, dass **3D-direkt** leicht bessere Registrierungsergebnisse hervorbringt im Vergleich zu den beiden anderen Verfahren. Die Ergebnisse sind in Tabelle 7.2 dargestellt. Für eine detailliertere Betrachtung der Ergebnisse anhand patientenbezogener Bilddaten werden die symmetrischen Oberflächendistanzen $d_{\mu_{sym}}$ als Boxplot dargestellt (siehe Abbildung 7.8). Die Boxplots zeigen, dass sich $25 - 50\,\%$ aller Distanzen $d_{\mu_{sym}}$ nahezu jedem Zeitpunkt und für jedes Gewebe (Endokard, Epikard und RV) unter $2\,\mathrm{mm}$ befinden. Besonders für das Endokard lieferten alle drei Verfahren sehr robuste Ergebnisse, was an den relativ kleinen Interquartilabständen (Ausdehnung der Boxen) zu erkennen ist. Im Gegensatz dazu zeigen die Registrierungsergebnisse von Epikard und RV eine größere Anzahl von Ausreißern und deutlich unterschiedliche Interquartilabstände. Aufgrund der Abhängigkeit aller ψ_k von ψ_j überträgt sich eine eventuelle Ungenauigkeit der Registrierung auf alle anderen Zeitpunkte t_k für **3D-MC+TB** und **3D+TB**. Das bedeutet, je genauer die Registrierung zum Referenzzeitpunkt t_j bestimmt werden kann, desto genauer können alle weiteren Transformationen ψ_k durch die TB rekonstruiert werden. Des Weiteren sind für die Rekonstruktion durch die TB die Bewegungstransformationen erforderlich, die wie ψ_j zu Ungenauigkeiten bei der Rekonstruktion von ψ_k führen.

Tabelle 7.2: Ergebnisse aus Experiment 1, ausgeführt auf patientenbezogenen Bilddaten. Die Dice-Koeffizienten sowie symmetrischen Oberflächendistanzen $d_{\mu_{sym}}$ wurden über alle Zeitpunkte und alle Patienten gemittelt.

	3D-direkt		**3D-MC+TB**		**3D+TB**	
	Dice	$d_{\mu_{sym}}$	Dice	$d_{\mu_{sym}}$	Dice	$d_{\mu_{sym}}$
Endokard	0.81	1.99 ± 0.96 mm	0.81	2.03 ± 0.86 mm	0.81	2.08 ± 1.20 mm
Epikard	0.86	2.33 ± 1.06 mm	0.85	2.54 ± 1.18 mm	0.85	2.48 ± 1.25 mm
RV	0.78	2.53 ± 1.16 mm	0.76	2.81 ± 1.29 mm	0.76	2.84 ± 1.50 mm
Mittelwert	0.82	2.28 mm	0.81	2.46 mm	0.81	2.47 mm

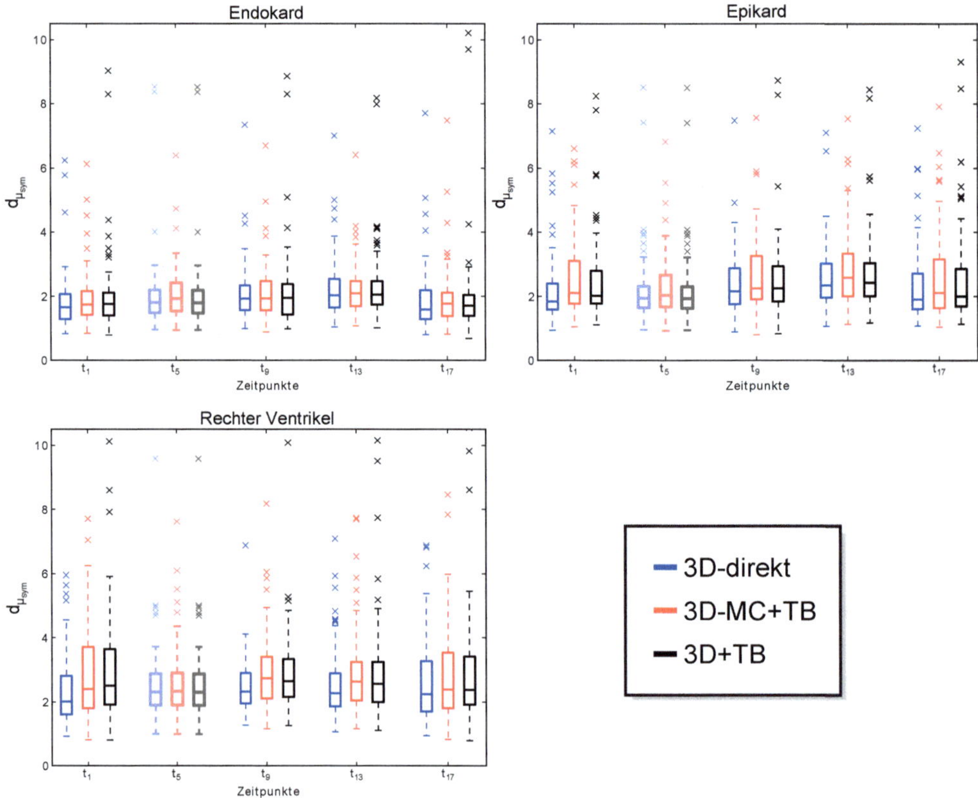

Abbildung 7.8: Boxplotdarstellung von $d_{\mu_{sym}}$ zu den gewählten Zeitpunkten t_k der Intersequenzregistrierung (Experiment 1) patientenbezogener Bilddaten. Da t_5 als Referenzzeitpunkt gewählt wurde, weisen **3D-direkt** und **3D+TB** dieselben Ergebnisse zu diesem Zeitpunkt auf.

7.3.2 Experiment 2: Konstruktion einer Identitätstransformation mithilfe von Trajektorien

In einem zweiten Experiment soll der Vorteil der TB in Kombination mit der Multichannel-3D-Registrierung gezeigt werden. Dazu wird jeweils zwischen dem Referenzzeitpunkt t_j und allen anderen gewählten Zeitpunkten t_k eine Identitätstransformation $\psi_{\mathrm{id}_k} = \varphi_{R_{j,k}} \circ \psi_k \circ \varphi_{T_{j,k}}^{-1} \circ \psi_j^{-1}$ aus den Bewegungs- und Intersequenztransformationen konstruiert (Idealfall: $\psi_{\mathrm{id}_k} = \mathrm{id}$). Abbildung 7.9 beschreibt die Konstruktion von ψ_{id_k}. Um die Identitätstransformationen der verschiedenen Verfahren miteinander vergleichen zu können, wird das zu R_j gehörige Labelbild L_{R_j} mit dem transformierten Labelbild $L_{R_j} \circ \psi_{\mathrm{id}_k}$ verglichen.

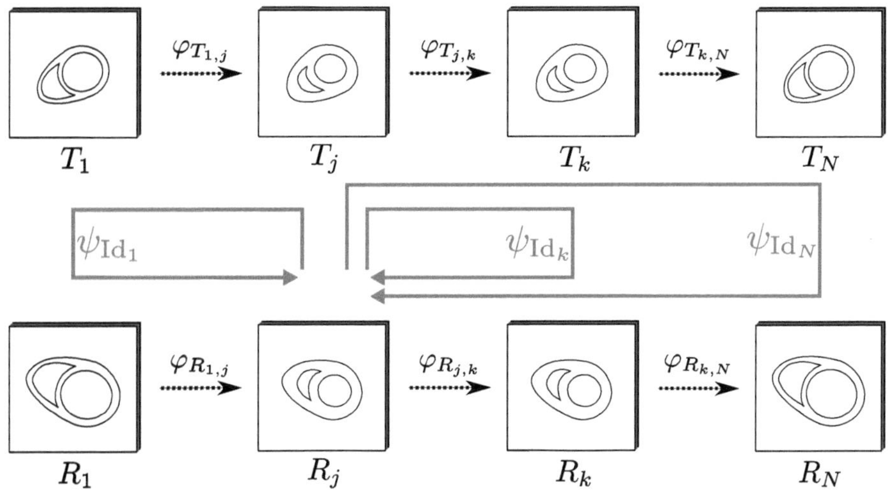

Abbildung 7.9: Schematische Darstellung von Experiment 2. Ausgehend vom Referenzzeitpunkt t_j in der Referenzsequenz wird das zugehörige Labelbild L_{R_j} mit $\psi_{\mathrm{id}_k} = \varphi_{R_{j,k}} \circ \psi_k \circ \varphi_{T_{j,k}}^{-1} \circ \psi_j^{-1}$ transformiert (Idealfall: $\psi_{\mathrm{id}_k} = \mathrm{id}$).

Die Ergebnisse des auf synthetischen Bilddaten ausgeführten Experimentes sind in Tabelle 7.3 dargestellt. Im Vergleich zu **3D-MC+TB** und **3D+TB** brachte **3D-direkt** leicht schlechtere Ergebnisse im Bezug auf die Oberflächendistanz hervor.

In Tabelle 7.4 werden die Ergebnisse der cine-MR-Sequenzen präsentiert. Hier fällt deutlich auf, dass **3D+TB** schlechtere Werte für Dice-Koeffizient und symmetrische Oberflächendistanz hervorbringt. Besonders die symmetrische Oberflächendistanz ist im Vergleich zu **3D-direkt** und **3D-MC+TB** sichtlich höher. Darüber hinaus sind die symmetrischen Oberflächendistanzen in Abbildung 7.11 für die gegebenen Zeitpunkte als Boxplots dargestellt. Anhand der Boxplots ist zu erkennen, dass sich für Endokard, Epikard und RV über alle Zeitpunkte mindestens $75\,\%$ aller Werte unter $2\,\mathrm{mm}$ für **3D-MC+TB** befinden. Des Weiteren fällt auf, dass die Positionen der Quartile und Whisker der Verfahren **3D-MC+TB** und **3D+TB** jeweils über alle Zeitpunkte nahezu gleich bleiben. Dies spricht für die Robustheit der TB. Jedoch erzielte **3D+TB** im

Tabelle 7.3: Ergebnisse aus Experiment 2, ausgeführt auf synthetischen Bilddaten. Die Dice-Koeffizienten sowie symmetrischen Oberflächendistanzen $d_{\mu_{sym}}$ wurden über alle Zeitpunkte und alle Patienten gemittelt.

	3D-direkt		3D-MC+TB		3D+TB	
	Dice	$d_{\mu_{sym}}$	Dice	$d_{\mu_{sym}}$	Dice	$d_{\mu_{sym}}$
Endokard	0.96	0.34 ± 0.03 mm	0.97	0.24 ± 0.07 mm	0.97	0.29 ± 0.085 mm
Epikard	0.97	0.34 ± 0.04 mm	0.98	0.25 ± 0.03 mm	0.96	0.31 ± 0.026 mm
RV	0.95	0.32 ± 0.06 mm	0.95	0.32 ± 0.03 mm	0.96	0.30 ± 0.003 mm
Mittelwert	0.96	0.33 mm	0.97	0.27 mm	0.96	0.30 mm

Vergleich schlechtere Ergebnisse mit deutlich mehr Ausreißern als die anderen Verfahren. Darüber hinaus wurden die mittleren Vektorbeträge der Transformation ψ_{id_k} ermittelt, wodurch die mittlere Verschiebung durch ψ_{id_k} also $||\psi_{\mathrm{id}_k}(\boldsymbol{x}) - \boldsymbol{x}||$ bestimmt wird. Der mittlere Vektorbetrag liegt bei 1.25 ± 1.64 mm für **3D-direkt**, 0.78 ± 1.39 mm für **3D-MC+TB** und 0.80 ± 1.31 mm für **3D+TB**. Im Bezug auf die patientenbezogenen Daten liegen die mittleren Vektorbeträge bei 4.70 ± 2.33 mm für **3D-direkt**, 3.84 ± 1.85 mm für **3D-MC+TB** und 5.37 ± 2.14 mm für **3D+TB**. Besonders die Vektorbeträge der patientenbezogenen Daten weisen relativ hohe Werte im Vergleich zu den mittleren Oberflächendistanzen auf. Hier ist anzumerken, dass bei der Berechnung der Vektorbeträge Randwerte der Verschiebungsfelder mit einbezogen wurden, welche die Mittelwerte anheben können. Abbildung 7.10 zeigt eine Darstellung der Vektorbeträge der synthetischen Bilddaten. Ferner bestätigen die mittleren Vektorbeträge der drei Verfahren die Boxplotdarstellungen in Abbildung 7.11.

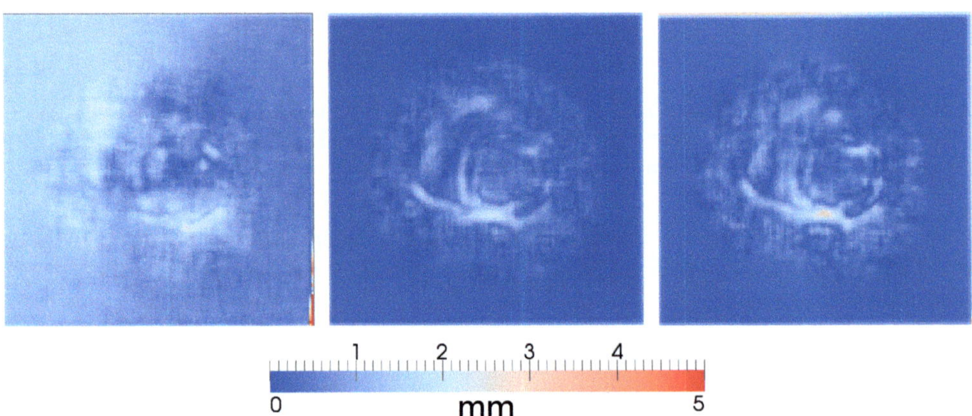

Abbildung 7.10: Darstellung der Vektorbeträge der Identitätstransformation ψ_{id_9} (synthetische Bilddaten). Links: **3D-direkt**, Mitte: **3D-MC+TB**, rechts: **3D+TB**. Bei der Betrachtung der Vektorbeträge von **3D-direkt** sind deutlich erhöhte Randwerte in der unteren rechten Ecke des Bildes zu erkennen.

Zusammengefasst erzielte die **3D-MC+TB** sehr gute und robuste Ergebnisse, was sich besonders durch kleine Vektorbeträge und Oberflächendistanzen äußert. Die direkte

Tabelle 7.4: Ergebnisse aus Experiment 2, ausgeführt auf patientenbezogenen Bilddaten. Die Dice-Koeffizienten sowie symmetrischen Oberflächendistanzen $d_{\mu_{sym}}$ wurden über alle Zeitpunkte und alle Patienten gemittelt.

	3D-direkt		**3D-MC+TB**		**3D+TB**	
	Dice	$d_{\mu_{sym}}$	Dice	$d_{\mu_{sym}}$	Dice	$d_{\mu_{sym}}$
Endokard	0.83	$1.74 \pm 0.93\,\mathrm{mm}$	0.86	$1.45 \pm 0.89\,\mathrm{mm}$	0.80	$2.06 \pm 1.13\,\mathrm{mm}$
Epikard	0.89	$1.68 \pm 1.03\,\mathrm{mm}$	0.90	$1.64 \pm 1.30\,\mathrm{mm}$	0.86	$2.30 \pm 1.62\,\mathrm{mm}$
RV	0.84	$1.78 \pm 1.27\,\mathrm{mm}$	0.86	$1.58 \pm 1.04\,\mathrm{mm}$	0.82	$2.09 \pm 1.10\,\mathrm{mm}$
Mittelwert	0.85	$1.73\,\mathrm{mm}$	0.87	$1.56\,\mathrm{mm}$	0.83	$2.15\,\mathrm{mm}$

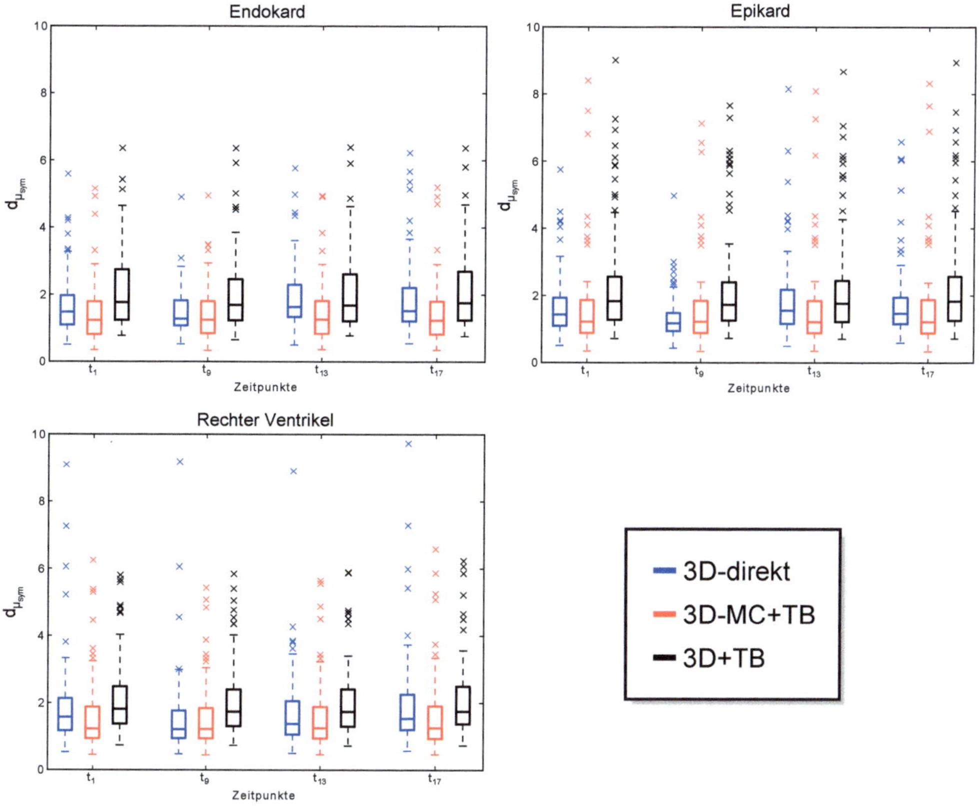

Abbildung 7.11: Boxplotdarstellung der mittleren symmetrischen Oberflächendistanzen patientenbezogener Bilddaten zu den gewählten Zeitpunkten t_k des zweiten Experiments. Der Referenzzeitpunkt t_5 taucht in der Darstellung nicht auf, da alle Tranformationen ψ_{id_k} zwischen t_5 und jeweils allen anderen Zeitpunkten konstruiert werden.

Registrierung **3D-direkt** brachte ebenfalls solide Ergebnisse hervor, zeigte aber gleichzeitig auch, dass durch die unabhängige Berechnung der Intersequenztransformationen eine höhere Variabilität entstehen kann. Überraschenderweise zeigte die Ergebnissegmentierung von **3D+TB** größere Oberflächendistanzen zum Goldstandard. Des Weiteren wurde für die vorliegende Arbeit angenommen, dass es keine größeren zeitlichen Fehlstellungen zwischen den cine-MR-Sequenzen gibt. Sollten diese Fehlstellungen dennoch bestehen, so haben sie Auswirkungen auf die Rekonstruktion der ψ_k durch die TB, da in diesem Fall nicht sicher gestellt werden kann, dass derselbe physiologische Status beider Bildsequenzen abgebildet wird. Im Umkehrschluss würde das für die Robustheit der **3D-MC+TB** sprechen, da dieses Verfahren trotz möglicher Fehlstellungen die besseren Ergebnisse in diesem Experiment erzielte.

7.3.3 Experiment 3: 4D-Multi-Atlassegmentierung

In einem letzten Experiment wird eine 4D-Multi-Atlassegmentierung an den gewählten Zeitpunkten durchgeführt. Dazu werden aus den 10 verschiedenen Patientendaten 5 als Atlanten bestimmt, die jeweils auf die restlichen Datensätze registriert werden (vgl. Abschnitt 6.2). Dabei wurden Patientendatensätze als Atlas gewählt, die bei der Intersequenzregistrierung (siehe Abschnitt 7.3.1) sowohl als Referenz- als auch als Targetsequenz die besten Ergebnisse für alle drei Verfahren erreichten. Die transformierten Labelbilder werden anschließend mittels Vote-Rule fusioniert, wodurch eine Verbesserung der Ergebnisse im Vergleich zur Single-Atlassegmentierung erwartet wird. Für die Single-Atlassegmentierung wurden die transformierten Labelbilder der Atlanten zuvor jeweils mit L_{R_k} verglichen und die berechneten Dice-Koeffizienten und Oberflächendistanzen gemittelt. Für die Multi-Atlassegmentierung werden die fusionierten Labelbilder mit L_{R_k} verglichen, um ebenfalls Dice-Koeffizient und Oberflächendistanz zu ermitteln. Dieses Experiment wurde nur anhand patientenbezogener Bilddaten durchgeführt.

Tabelle 7.5: Ergebnisse der 4D-Single-Atlassegmentierung. Die Dice-Koeffizienten sowie symmetrischen Oberflächendistanzen $d_{\mu_{sym}}$ wurden über alle Zeitpunkte und alle Patienten gemittelt.

	3D-direkt		**3D-MC+TB**		**3D+TB**	
	Dice	$d_{\mu_{sym}}$	Dice	$d_{\mu_{sym}}$	Dice	$d_{\mu_{sym}}$
Endokard	0.83	$1.63 \pm 0.32\,\mathrm{mm}$	0.83	$1.71 \pm 0.24\,\mathrm{mm}$	0.83	$1.67 \pm 0.29\,\mathrm{mm}$
Epikard	0.87	$1.88 \pm 0.38\,\mathrm{mm}$	0.85	$2.32 \pm 0.39\,\mathrm{mm}$	0.86	$2.26 \pm 0.42\,\mathrm{mm}$
RV	0.78	$2.17 \pm 0.48\,\mathrm{mm}$	0.75	$2.83 \pm 0.69\,\mathrm{mm}$	0.75	$2.86 \pm 0.66\,\mathrm{mm}$
Mittelwert	0.83	$1.90\,\mathrm{mm}$	0.81	$2.29\,\mathrm{mm}$	0.81	$2.26\,\mathrm{mm}$

Die Ergebnisse von Single- und Multi-Atlassegmentierung werden jeweils in den Tabellen 7.5 und 7.6 dargestellt. Anhand der direkten Gegenüberstellung der Ergebnisse beider Verfahren kann gezeigt werden, dass sich der Dice-Koeffizient im Schnitt um ca. 5 % und $d_{\mu_{sym}}$ um ca. 19 % im Vergleich zur Single-Atlassegmentierung verbessert haben. Abbildung 7.12 zeigt eine Gegenüberstellung der Oberflächendistanzen als Boxplotdarstellung. Es ist zu erkennen, dass sich die Anzahl der Ausreißer wesentlich verringert hat. Darüber hinaus weisen mindestens 75 % der Multi-Atlassegmentierungen aller Verfahren einen Abstand unter 2.5 mm zum Goldstandard auf. Des Weiteren ist zu erkennen, dass sich die Länge der Whisker merkbar bei allen Boxplots verkürzt und sich der Median weiter

Tabelle 7.6: Ergebnisse der 4D-Multi-Atlassegmentierung. Die Dice-Koeffizienten sowie symmetrischen Oberflächendistanzen $d_{\mu_{sym}}$ wurden über alle Zeitpunkte und alle Patienten gemittelt.

	3D-direkt		3D-MC+TB		3D+TB	
	Dice	$d_{\mu_{sym}}$	Dice	$d_{\mu_{sym}}$	Dice	$d_{\mu_{sym}}$
Endokard	0.87	$1.43 \pm 0.24\,\mathrm{mm}$	0.86	$1.48 \pm 0.24\,\mathrm{mm}$	0.87	$1.46 \pm 0.27\,\mathrm{mm}$
Epikard	0.90	$1.85 \pm 0.21\,\mathrm{mm}$	0.88	$1.99 \pm 0.28\,\mathrm{mm}$	0.89	$1.94 \pm 0.28\,\mathrm{mm}$
RV	0.83	$1.72 \pm 0.45\,\mathrm{mm}$	0.81	$1.85 \pm 0.44\,\mathrm{mm}$	0.81	$1.87 \pm 0.52\,\mathrm{mm}$
Mittelwert	0.87	$1.67\,\mathrm{mm}$	0.85	$1.77\,\mathrm{mm}$	0.85	$1.76\,\mathrm{mm}$

verringert hat. In Abbildung 7.13 sind die Ergebnisse der Multi-Atlassegmentierung als Oberflächendistanzmodelle dargestellt. Zusammenfassend konnte gezeigt werden, dass durch die Anwendung einer Kombinationsstrategie das Segmentierungsergebnis optimiert werden kann.

7.4 Laufzeiten

Da **3D-MC+TB** durch die Verwendung von vektorwertigen Bilddaten alle Zeitpunkte zweier Bildsequenzen gleichzeitig registriert, besitzt dieses Verfahren eine deutlich höhere Laufzeit als die 3D-Registrierung mit durchschnittlich 18 Minuten. Hinzu kommen die Berechnungszeiten der Intrasequenzregistrierungen für die Bestimmung der Bewegungstransformationen. Diese haben eine mittlere Laufzeit von 1.5 Minuten. Im Vergleich dazu ist das Verfahren **3D-direkt** mit einer Laufzeit von durchschnittlich 1.5 Minuten das schnellste Verfahren. Des Weiteren benötigt **3D-direkt** keine Berechnung von Bewegungstransformationen, die für die Rekonstruktion mittels TB erforderlich sind. Wie **3D-MC+TB** benötigt auch das Verfahren **3D+TB** die Bewegungstransformationen für die Rekonstruktion der Intersequenztransformationen. Allerdings wird zum Referenzzeitpunkt eine einfache 3D-Registrierung durchgeführt, welche dieselbe Laufzeit wie **3D-direkt** besitzt. Darüber hinaus wurde für den Vergleich der Laufzeiten für alle Verfahren dieselbe Anzahl von Iterationen gewählt.

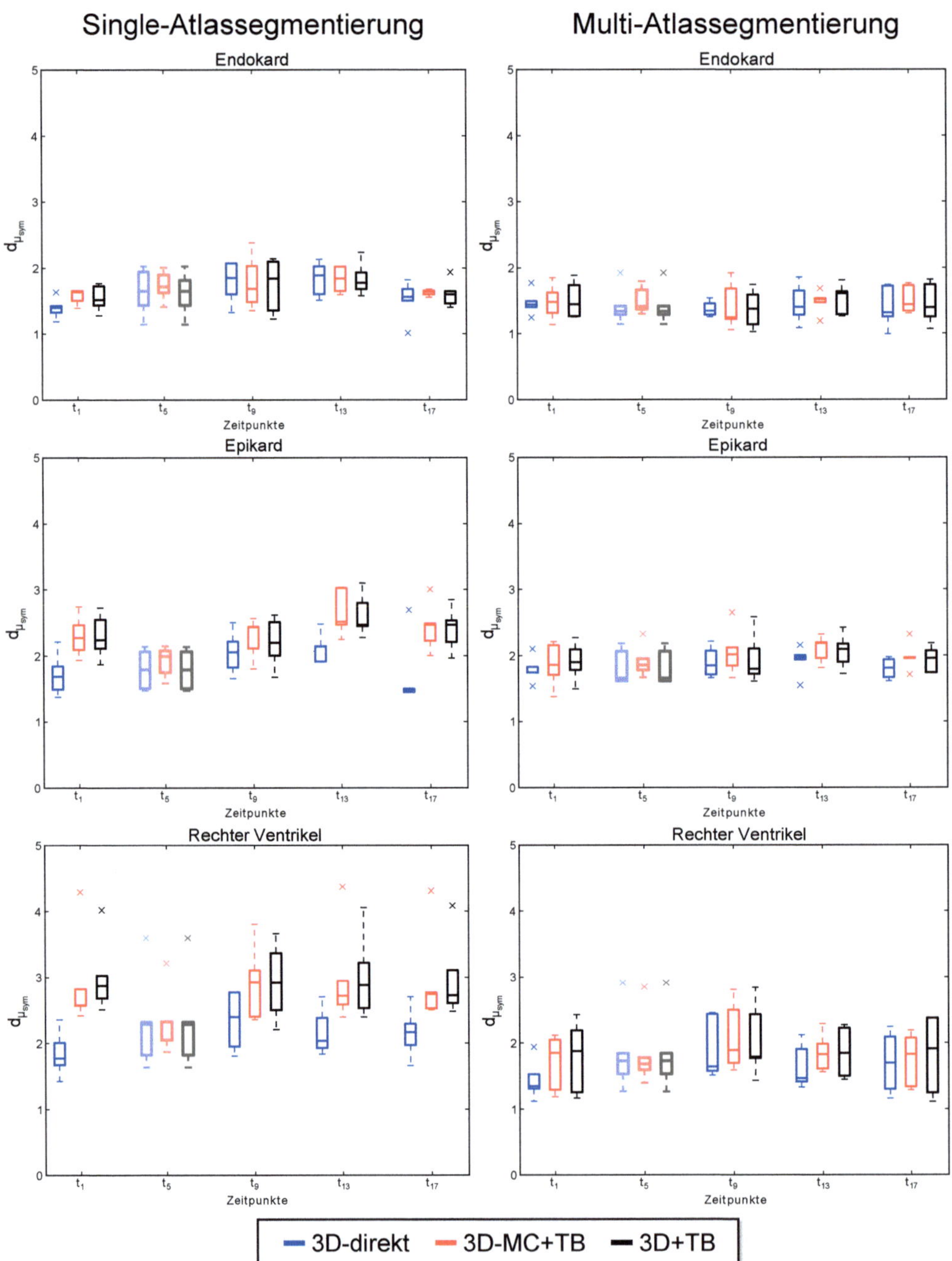

Abbildung 7.12: Boxplotdarstellung der mittleren symmetrischen Oberflächendistanzen zu den gewählten Zeitpunkten t_k der Single- und Multi-Atlas-4D-Segmentierung (Experiment 3).

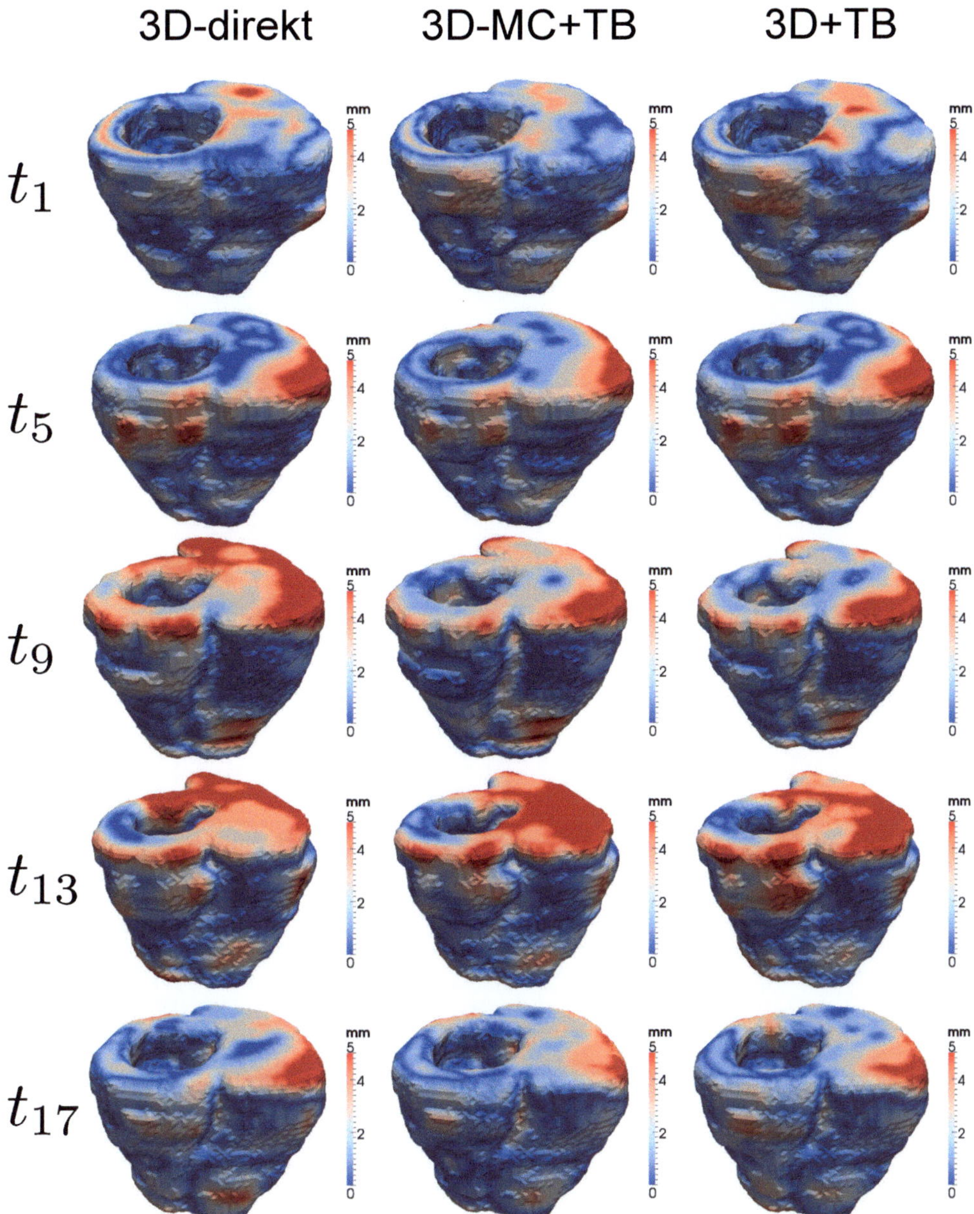

Abbildung 7.13: Darstellung von LV und RV als Oberflächendistanzmodelle der Multi-Atlassegmentierung. Auf die Oberflächen der Modelle wurde jeweils die Distanz zum Goldstandard projiziert.

Kapitel 8

Diskussion und Ausblick

Das Ziel dieser Arbeit ist es, den von Peyrat *et al.* vorgestellten Ansatz der Multichannel-3D-Registrierung zu implementieren und zu testen. Dabei sollen Güte und Genauigkeit durch den Vergleich mit anderen 3D-Registrierungsverfahren festgestellt werden. Hierbei soll gezeigt werden, dass durch die Verwendung von Trajektorienbeschränkungen und das gleichzeitige Registrieren kompletter Bildsequenzen robustere Ergebnisse erzeugt werden können.

Folgend werden die Ergebnisse der Experimente aus Kapitel 7 zusammengefasst und diskutiert (Abschnitt 8.1). Anschließend werden in einem Ausblick (Abschnitt 8.2) mögliche weiterführende Untersuchungsmethoden aufgeführt.

8.1 Zusammenfassung und Diskussion

Im Rahmen der vorliegenden Arbeit ist die Umsetzung und Implementierung der 4D-Registrierung als Registrierungsframework für räumlich-zeitliche Bildsequenzen gelungen. Hierbei konnte gezeigt werden, dass die 4D-Registrierung zweier Bildsequenzen durch eine einzige Multichannel-3D-Registrierung zu einem gewählten Referenzzeitpunkt parametrisiert werden kann. Im Anschluss daran konnten durch die TB alle Intersequenztransformationen rekonstruiert werden. Das Verfahren wies solide Ergebnisse vor, welche mit anderen Registrierungsverfahren vergleichbar sind.

Die Multichannel-3D-Registrierung wurde in das bestehende variationelle Registrierungsframework des Instituts für Medizinische Informatik an der Universität zu Lübeck implementiert. Darüber hinaus wurde die Implementierung parallelisiert und um ein Multi-Level-Verfahren erweitert, um die Stabilität und Effizienz der Registrierung zu erhöhen.

Die Implementierung der Multichannel-3D-Registrierung wurde unter anderem auf kardiologische cine-MR-Bildsequenzen angewendet. Das Ziel hierbei war eine Multi-Atlassegmentierung der 4D-Bildsequenzen. Im Gegensatz zu CT-Bilddaten, die von Peyrat *et al.* verwendet wurden, weisen cine-MR-Bilddaten eine höhere Variabilität der Grauwertintensitäten auf. Dadurch waren mehrere Vorverarbeitungsschritte nötig, um die Bilddaten für die 4D-Registrierung aufzubereiten. Durch eine Bias-Korrektur konnten starke Aufhellungen in relevanten Bildbereichen beseitigt werden. Darüber hinaus wurden die Schichtabstände durch eine registrierungsbasierte Interpolation minimiert, wodurch eine verbesserte Gradientenberechnung in z-Richtung gewährleistet werden konnte. Ferner wurde durch eine anisotrope Glättung das Rauschen bei gleichzeitiger Erhaltung der Kanteninformation minimiert. Schließlich wurden über einen Histogrammabgleich die Grauwertintensitäten der cine-MR-Bildsequenzen aufeinander angepasst, damit korrespondierende Strukturen durch den Registrierungsalgorithmus als solche erkannt wurden.

Die Multichannel-3D-Registrierung (**3D-MC+TB**) wurde mit zwei anderen Ansätzen zur 4D-Registrierung verglichen: einer direkten (variatonellen) 3D-Registrierung (**3D-direkt**) und einer (variationellen) 3D-Registrierung in Kombination mit der TB (**3D+TB**). Im Vergleich zu **3D-direkt** (siehe Abschnitt 4) konnte keine wesentliche Verbesserung der Ergebnisse durch **3D-MC+TB** festgestellt werden. Dennoch erzielte **3D-MC+TB** durchaus vergleichbare Ergebnisse, die durch die Verwendung der TB robuster und konsistenter waren. Belegt wurde dieses Resultat durch das zweite Experiment dieser Arbeit. Eine Verbesserung des Registrierungsergebnisses durch die Anwendung der TB auf die variationelle Registrierung (**3D+TB**) konnte nicht gezeigt werden. Eine mögliche Ursache hierfür könnte sein, dass zeitliche Fehlstellungen zwischen den cine-MR-Sequenzen für diese Arbeit als ausgeschlossen angesehen wurden, wodurch es möglicherweise zu Fehlabbildungen bei der Rekonstruktion der übrigen Intersequenztransformationen kam. Dieses Ergebnis spricht jedoch im Vergleich für die Robustheit der **3D-MC+TB**.

Abschließend wurde der Vorteil der Multi-Atlassegmentierung gegenüber der Single-Atlassegmentierung überprüft. Dabei konnte eine Verbesserung des Segmentierungsergebnisses durch die Verwendung der Multi-Atlassegmentierung mittels Vote-Rule gezeigt werden. Hierbei verbesserte sich der Dice-Koeffizient im Schnitt um 5 % und die mittlere symmetrische Oberflächendistanz um 19 % im Vergleich zum Segmentierungsergebnis der Single-Atlassegmentierung.

In ihrer Arbeit evaluierten Peyrat *et al.* die **3D-MC+TB** anhand von fünf kardiologischen 4D-CT-Bildsequenzen. Diese wiesen im Vergleich zu cine-MR-Sequenzen deutlich homogenere Grauwertverteilungen auf, was die Registrierung solcher Bildsequenzen vereinfacht. Dennoch sind die Ergebnisse der vorliegenden Arbeit im Bezug auf die **3D-MC+TB** durchaus mit den Ergebnissen von Peyrat *et al.* vergleichbar. Besonders die Robustheit durch die Verwendung der TB konnte bestätigt werden.

Jedoch schnitt das Verfahren **3D-direkt** in den Ergebnissen von Peyrat *et al.* (vgl. [PDS$^+$10]) wesentlich schlechter ab, was in der vorliegenden Arbeit nicht bestätigt werden konnte. Des Weiteren wurde eine Verbesserung der **3D-direkt** Methode durch die Verwendung der TB beschrieben, durch welche die hier durchgeführten Experimente ebenfalls nicht reproduziert werden konnte. Möglicherweise hat die zeitliche Anpassung der Bildsequenzen einen großen Einfluss, der sich besonders auf die Verwendung der TB auswirkte.

Da für die Rekonstruktion von ψ_k die Konkatenation von Intra- und Intersequenztransformationen erforderlich ist, summiert sich pro Transformationsverknüpfung eine gewisse Ungenauigkeit auf, die das Registrierungsergebnis beeinflusst. Ferner beruht die **3D-MC+TB** auf den Bewegungstransformationen, die zuvor für jede Bildsequenz bestimmt werden müssen. Dadurch können sich mögliche Ungenauigkeiten der Intrasequenzregistrierung auf die Rekonstruktion der Intersequenztransformationen auswirken.

8.2 Ausblick

Neben den bereits präsentierten Untersuchungen sind weitere Experimente denkbar, die den vorgestellten 4D-Registrierungsansatz optimieren können.

Die Wahl des Referenzzeitpunktes ist essentiell für die Genauigkeit und Güte der Multichannel-3D-Registrierung. In dieser Arbeit wurde die Wahl des Referenzzeitpunkts zum Zeitpunkt des Übergangs von Diastole zur Systole ($j = 5$) gewählt, da angenommen wurde, dass hierdurch die Vektorbeträge der Transformationen $\varphi_{j,k}$ in Richtung des Zeitpunktes der Diastole bzw. der Systole ähnliche Werte aufweisen. Dennoch wären Untersuchungen denkbar, in denen die Wahl der Referenzzeitpunkte evaluiert wird.

Des Weiteren wurde für diese Arbeit angenommen, dass alle cine-MR-Sequenzen bereits zeitlich aufeinander angepasst wurden. Daher sind in weiterer Forschungsarbeit alle Bildsequenzen auf zeitliche Fehlstellungen zueinander zu überprüfen und gegebenenfalls zu korrigieren. Somit kann der Nutzen der TB ebenfalls weiter überprüft werden.

Weiterhin wurden in der vorliegenden Arbeit nur zehn von insgesamt 33 verschiedenen kardiologischen cine-MR-Sequenzen für die Experimente verwendet. Dies liegt daran, dass keine Segmentierungen für den RV vorliegen und diese daher manuell erstellt werden müssen. Die Segmentierung weiterer Datensätze wäre für den Rahmen dieser Masterarbeit zu umfangreich gewesen. Es wäre daher sinnvoll die Verfahren **3D-direkt**, **3D-MC+TB** und **3D+TB** mit einer größeren Anzahl von Patientendaten zu evaluieren.

Anhang A

Notationen

Bilder und Bilddomänen

$\Omega, \hat{\Omega}$	Bilddomäne, $\Omega \subset \mathbb{R}$ und $\hat{\Omega} \subseteq \Omega$
d	Dimension
t	Zeit
R	Referenzbild
T	Target-Bild
A	Atlasbild
B	Binärbild
L	Labelbild
$\boldsymbol{x}$	Bildkoordinatenvektor, $\boldsymbol{x} \in \Omega$

Funktionen

φ	(Bewegungs-)Transformation, $\Omega \to \Omega$
ψ	räumlich-zeitliche Transformation, $\psi : \Omega_R \times \tau_R \to \Omega_T \times \tau_T$
ψ_{time}	zeitliche Transformation, $\psi_{time} : \Omega \times \tau_R \to \tau_T$
ψ_{space}	räumliche Transformation, $\psi_{space} : \Omega_R \times \tau_R \to \Omega_T$
ϕ_X	Trajektorie des Bildpunktes X, $\phi_X : \tau \to \Omega$
$\boldsymbol{u}$	Verschiebungsfeld $\boldsymbol{u} : \Omega \to \mathbb{R}^d$
$\boldsymbol{v}$	Geschwindigkeitsfeld $\boldsymbol{v} : \Omega \to \mathbb{R}^d$
$\mathcal{J}$	Energiefunktional
M	Matrix
$\boldsymbol{f}$	d-dimensionale Funktion, $\boldsymbol{f} : \Omega \to \mathbb{R}^d$
$\mathcal{D}$	Distanzmaß
$\mathcal{S}$	Regularisierer
$\mathrm{Jac}(\varphi)$	Jacobi-Determinante von φ mit $\varphi : \Omega \to \Omega$

Ableitungen

∇	Gradient, $\nabla f = (\partial_{x_1}, \ldots, \partial_{x_d})^T$, für $f : \mathbb{R}^d \to \mathbb{R}$
Δ	Laplace-Operator, $\Delta f = \sum_{j=1}^{d} \partial_{x_j, x_j} f$, für $f : \mathbb{R}^d \to \mathbb{R}$

Operatoren

$|x|$	Betrag von x
$||\boldsymbol{x}||$	Norm des Vektors $\boldsymbol{x}$
$\circ$	Konkatenation zweier Mengen

Gewichtungen und Parameter

β	Gewichtung des Regularisierungsterms der Registrierung
τ	Schrittweite
γ	Mittleres quadriertes Voxelspacing
α	Gewichtung der Volumenänderung
σ^2	Lokales Rauschen

Literaturverzeichnis

[ACPA06] ARSIGNY, V., COMMOWICK, O., PENNEC, X. und AYACHE, N.: *A log-euclidean framework for statistics on diffeomorphisms*. In: *Medical Image Computing and Computer-Assisted Intervention – MICCAI 2006*, Seiten 924–931. Springer, 2006.

[AEGG08] AVANTS, B. B., EPSTEIN, C. L., GROSSMAN, M. und GEE, J. C.: *Symmetric diffeomorphic image registration with cross-correlation: evaluating automated labeling of elderly and neurodegenerative brain*. Medical Image Analysis, 12(1):26–41, 2008.

[AHH⁺09] ALJABAR, P., HECKEMANN, R. A., HAMMERS, A., HAJNAL, J. V. und RUECKERT, D.: *Multi-atlas based segmentation of brain images: atlas selection and its effect on accuracy*. Neuroimage, 46(3):726–738, 2009.

[ALFM09] ALKADHI, H., LESCHKA, S., FLOHR, T. und MARINCEK, B.: *Praxisbuch Herz-CT: Grundlagen-Durchführung-Befundung*. Springer, 2009.

[AT08] ANDREOPOULOS, A. und TSOTSOS, J. K.: *Efficient and generalizable statistical models of shape and appearance for analysis of cardiac MRI*. Medical Image Analysis, 12(3):335–357, 2008.

[BDF⁺00] BELLENGER, N. G., DAVIES, L. C., FRANCIS, J. M., COATS, A. J. S. und PENNELL, D. J.: *Reduction in sample size for studies of remodeling in heart failure by the use of cardiovascular magnetic resonance*. Journal of Cardiovascular Magnetic Resonance, 2(4):271–278, 2000.

[BMTY05] BEG, M. F., MILLER, M. I., TROUVÉ, A. und YOUNES, L.: *Computing large deformation metric mappings via geodesic flows of diffeomorphisms*. International Journal of Computer Vision, 61(2):139–157, 2005.

[Bro81] BROIT, C.: *Optimal registration of deformed images*. Doctoral Dissertation, University of Pennsylvania, Philadelphia, August 1981.

[CI02] CASPI, Y. und IRANI, M.: *Spatiotemporal alignment of sequences*. IEEE Transactions on Pattern Analysis and Machine Intelligence, 24:1409–1424, 2002.

[CRM96] CHRISTENSEN, G. E., RABBITT, R. D. und MILLER, M. I.: *Deformable templates using large deformation kinematics*. IEEE Transactions on Medical Imaging, 5(10):1435–1447, 1996.

[DPT⁺09] DURRLEMAN, S., PENNEC, X., TROUVÉ, A., GERIG, G. und AYACHE, N.: *Spatiotemporal atlas estimation for developmental delay detection in longitudinal datasets*. In: *Medical Image Computing and Computer-Assisted Intervention–MICCAI 2009*, Seiten 297–304. Springer, 2009.

[ESH07] EHRHARDT, J., SARING, D. und HANDELS, H.: *Structure-preserving interpolation of temporal and spatial image sequences using an optical flow-based method*. Methods of Information in Medicine, 46(3):300–307, 2007.

[EWSH11] EHRHARDT, J., WERNER, R., SCHMIDT-RICHBERG, A. und HANDELS, H.: *Statistical modeling of 4D respiratory lung motion using diffeomorphic image registration*. IEEE Transactions on Medical Imaging, 30:251–256, 2011.

[FM02] FISCHER, B. und MODERSITZKI, J.: *Fast diffusion registration*. Contemporary Mathematics, 313:117–128, 2002.

[GMR+14] GO, A. S., MOZAFFARIAN, D., ROGER, V. L., BENJAMIN, E. J., BERRY, J. D., BLAHA, M. J., DAI, S., FORD, E. S., FOX, C. S., FRANCO, S. et al.: *Heart disease and stroke statistics-2014 Update a report from the american heart association.* Circulation, 129(3):e28–e292, 2014.

[Han09] HANDELS, H.: *Medizinische Bildverarbeitung: Bildanalyse, Mustererkennung und Visualisierung für die computergestützte ärztliche Diagnostik und Therapie*, Band 2. Vieweg+Teubner, 2009.

[HBHH01] HILL, D. L. G., BATCHELOR, P. G., HOLDEN, M. und HAWKES, D. J.: *Medical image registration.* Physics in Medicine and Biology, 46(3):R1, 2001.

[HBTV99] HAACKE, E. M., BROWN, R. W., THOMPSON, M. R. und VENKATESAN, R.: *Magnetic resonance imaging.* Wiley-Liss New York:, 1999.

[HM06] HABER, E. und MODERSITZKI, J.: *Intensity gradient based registration and fusion of multimodal images.* In: *Medical Image Computing and Computer-Assisted Intervention–MICCAI 2006*, Seiten 726–733. Springer, 2006.

[HS81] HORN, B. K. und SCHUNCK, B. G.: *Determining optical flow.* In: *1981 Technical Symposium East*, Seiten 319–331. International Society for Optics and Photonics, 1981.

[Iai09] IAIZZO, P. A.: *Handbook of cardiac anatomy, physiology, and devices.* Springer, 2009.

[Jäh12] JÄHNE, B.: *Digitale Bildverarbeitung.* Springer, 2012.

[KA03] KITTLER, J. und ALKOOT, F. M.: *Sum versus vote fusion in multiple classifier systems.* IEEE Transactions on Pattern Analysis and Machine Intelligence, 25(1):110–115, 2003.

[Kie10] KIELHÖFER, H.: *Variationsrechnung.* Vieweg+Teubner, 2010.

[LBWD05] LOMBARDI, M., BARTOLOZZI, C., WALKER, M. und DONATO, L.: *MRI of the heart and vessels.* Springer, 2005.

[LK08] LIBBY, P. und KWONG, R. Y.: *Cardiovascular magnetic resonance imaging.* Springer, 2008.

[LSMR02] LORENZO-VALDÉS, M., SANCHEZ-ORTIZ, G. I., MOHIADDIN, R. und RUECKERT, D.: *Atlas-based segmentation and tracking of 3D cardiac MR images using non-rigid registration.* In: *Medical Image Computing and Computer-Assisted Intervention – MICCAI 2002*, Seiten 642–650. Springer, 2002.

[Mod04] MODERSITZKI, J.: *Numerical methods for image registration.* Oxford University Press, 2004.

[NUZ00] NYÚL, L. G., UDUPA, J. K. und ZHANG, X.: *New variants of a method of MRI scale standardization.* IEEE Transactions on Medical Imaging, 19(2):143–150, 2000.

[NVF02] NAGEL, E., VAN ROSSUM, A.C. und FLECK, E.: *Kardiovaskuläre Magnetresonanztomographie: Methodenverständnis und praktische Anwendung; mit 20 Tabellen.* Springer, 2002.

[PC05] PONS-LLADO, G. und CARRERAS, F.: *Atlas of practical applications of cardiovascular magnetic resonance*, Band 255. Springer, 2005.

[PDS+08] PEYRAT, J.-M., DELINGETTE H., SERMESANT, M., PENNEC, X., XU, C. und AYACHE, N: *Registration of 4D time-series of cardiac images with multichannel diffeomorphic demons.* Medical Image Computing and Computer-Assisted Intervention – MICCAI 2008, 5242:972–979, 2008.

[PDS+10] PEYRAT, J.-M., H. DELINGETTE, M. SERMESANT, C. XU und N. AYACHE: *Registration of 4D cardiac CT sequences under trajectory constraints with multichannel diffeomorphic demons.* IEEE Transactions on Medical Imaging, 29(7):1351–1368, 2010.

[Per05] PERPERIDIS, D.: *Spatio-temporal registration and modelling of the heart using cardiovascular MR imaging.* Doktorarbeit, Imperial College London, 2005.

[Pey09] PEYRAT, J.-M.: *Comparison of cardiac anatomy and function: statistics on fibre architecture from DT-MRI and registration of 4D CT images.* Doktorarbeit, Nice - Sophia Antipolis University, 2009.

[PLC+04] PERPERIDIS, D., LORENZO-VALDÉS, M., CHANDRASHEKARA, R. , RAO, A., MOHIADDIN, R., SANCHEZ-ORTIZ, G. I. und RUECKERT, D.: *Building a 4D atlas of the cardiac anatomy and motion using MR imaging.* In: *Biomedical Imaging: Nano to Macro, 2004. IEEE International Symposium on*, Seiten 412–415. IEEE, 2004.

[PMR05] PERPERIDIS, D., MOHIADDIN, R. H. und RUECKERT, D.: *Spatio-temporal free-form registration of cardiac MR image sequences.* Medical Image Analysis, 9(5):441–456, 2005.

[PSM94] PERONA, P., SHIOTA, T. und MALIK, J.: *Anisotropic diffusion.* In: *Geometry-driven diffusion in computer vision*, Seiten 73–92. Springer, 1994.

[RLC+02] RUECKERT, D., LORENZO-VALDÉS, M., CHANDRASHEKARA, R., SANCHEZ-ORTIZ, G. I. und MOHIADDIN, R.: *Non-rigid registration of cardiac MR: Application to motion modelling and atlas-based segmentation.* In: *Biomedical Imaging, 2002. Proceedings. 2002 IEEE International Symposium on*, Seiten 481–484. IEEE, 2002.

[RSC+03] RAO, A., SANCHEZ-ORTIZ, G. I., CHANDRASHEKARA, R., LORENZO-VALDÉS, M., MOHIADDIN, R. und RUECKERT, D.: *Construction of a cardiac motion atlas from MR using non-rigid registration.* In: *Functional Imaging and Modeling of the Heart*, Seiten 141–150. Springer, 2003.

[Sch13] SCHMIDT-RICHBERG, A.: *Integration of morphological and physiological knowledge into registration methods for pulmonary image analysis.* Doktorarbeit, Universität zu Lübeck, 2013.

[SHH99] STUDHOLME, C., HILL, D. L. G. und HAWKES, D. J.: *An overlap invariant entropy measure of 3D medical image alignment.* Pattern Recognition, 32(1):71–86, 1999.

[SL11] STEFFEL, J. und LÜSCHER, T. F.: *Herz-Kreislauf.* Springer, 2011.

[SRE+09] SÄRING, D., RELAN, J., EHRHARDT, J., MULLERLEILE, K. , BAHRMEYER, A., GROTH, M. und HANDELS, H.: *Reproducible extraction of local and global parameters for functional analysis of the left ventricle in 4D MR image data.* Methods Inf Med, 48:216–224, 2009.

[TAC+10] TUSTISON, N. J., AVANTS, B. B., COOK, P. A., ZHENG, Y., EGAN, A., YUSHKEVICH, P. A. und GEE, J. C: *N4ITK: Improved N3 bias correction.* IEEE Transactions on Medical Imaging, 29(6):1310–1320, 2010.

[Thi95] THIRION, J.-P.: *Fast non-Rigid matching of 3D medical images.* Technischer Bericht, INRIA, 1995.

[Thi98] THIRION, J.-P.: *Image matching as a diffusion process: an analogy with Maxwell's demons.* Medical Image Analysis, 2(3):243–260, 1998.

[Tro98] TROUVÉ, A.: *Diffeomorphisms groups and pattern matching in image analysis.* International Journal of Computer Vision, 28(3):213–221, 1998.

[VPPA07] VERCAUTEREN, T., PENNEC, X., PERCHANT, A. und AYACHE, N.: *Non-parametric diffeomorphic image registration with the demons algorithm.* Medical Image Computing and Computer-Assisted Intervention – MICCAI 2007, 4792:319–326, 2007.

[VW97]   VIOLA, P. und WELLS, W. M. III: *Alignment by maximization of mutual information.* International Journal of Computer Vision, 24(2):137–154, 1997.

[YVF⁺09] YEO, B. T. T., VERCAUTEREN, T., FILLARD, P., PEYRAT, J.-M., PENNEC, X., GOLLAND, P., AYACHE, N. und CLATZ, O.: *DT-REFinD: diffusion tensor registration with exact finite-strain differential.* IEEE Transactions on Medical Imaging, 28(12):1914–1928, 2009.